Puedo contar contigo
Correspondencia

Contemporánea
Humanidades

CARMEN
LAFORET

RAMÓN J.
SENDER

PUEDO CONTAR CONTIGO

CORRESPONDENCIA

Edición a cargo de Israel Rolón Barada

AUSTRAL

DESTINO

Edición de Israel Rolón Barada

Ediciones Destino, un sello editorial de Editorial Planeta, S. A.
Avda. Diagonal, 662-664, 08034 Barcelona (España)
www.edestino.es
www.planetadelibros.com

Diseño de la colección: Compañía
Diseño de la cubierta: Austral / Área Editorial Grupo Planeta
Fotografía de la cubierta: Shutterstock
Primera edición en Austral: marzo de 2019
Segunda impresión: mayo de 2021
Tercera impresión: febrero de 2022

Depósito legal: B. 1.493-2019
ISBN: 978-84-233-5524-2
Impresión y encuadernación: QP Print
Printed in Spain - Impreso en España

Carmen Laforet nace en Barcelona en 1921. A los dos años se traslada con su familia a Las Palmas. Allí permanece hasta los dieciocho años. A esta edad se marcha a Barcelona, donde estudia, durante tres años, en la Facultad de Filosofía y Letras. En 1944 obtiene con *Nada* el Premio Nadal, en su primera convocatoria, y se convierte en la revelación de la narrativa española de posguerra, abriendo nuevos horizontes a nuestra literatura. Dos años después se traslada a Madrid, donde contrae matrimonio con el periodista y crítico literario Manuel Cerezales y se instala definitivamente. De la misma autora son *La isla y los demonios*, *La llamada*, *La mujer nueva* (Premio Menorca 1955), *La insolación* y la novela póstuma *Al volver la esquina*, continuación de *La insolación*.

Ramón J. Sender es uno de los más importantes narradores contemporáneos en lengua castellana. En 1935 le fue otorgado el Premio Nacional de Literatura por *Mr. Witt en el Cantón*. Al finalizar la guerra civil española se exilió y desde 1948 residió en Estados Unidos, donde ejerció como profesor de literatura en diversas universidades. Entre sus obras hay que mencionar especialmente: *El lugar de un hombre* (1939), *Epitalamio del Prieto Trinidad* (1942), *La esfera* (1947), *El rey y la reina* (1949), *Carolus Rex* (1963), *Las criaturas saturnianas* (1967) y *Nocturno de los catorce* (1971). Su obra más extensa, y quizá la más conocida, es la serie *Crónica del alba* (1942-1966).

PRÓLOGO

Estas cartas tan hermosas me han conducido a lugares ya perdidos, a voces desaparecidas. Me he visto transportada a la casa de la calle O'Donnell, donde vivía con mi familia, y he oído a mis padres comentando la obra de Ramón Sender, a mi madre recomendándonos los libros que a ella le entusiasmaban. Y me he visto a mí sentada en un sillón de aquella sala leyendo *Crónica del Alba*, y escribiendo a Ramón Sender y recibiendo su primera carta.

Ha pasado el tiempo. Ya se desmanteló aquella casa. Carmen Laforet cumplió ochenta y un años en septiembre de 2002. Han desaparecido sus alegres carcajadas y apenas si utiliza la voz. Sonríe y su sonrisa ilumina la estancia. Irradia un amor sereno y constante. Ha crecido a una dimensión difícil de alcanzar.

Ramón J. Sender, veinte años mayor que ella, murió en California en 1982 de un ataque al corazón cuando estaba a punto de cumplir ochenta y un años. Hasta ese momento se mantuvo activo y siguió escribiendo y publicando sin descanso. De él conservo el recuerdo del humor y el cariño paternal con que me aconsejaba en sus cartas, y los regalos que de vez en cuando me enviaba, para dar cauce a su generosidad contenida ya que, por delicadeza, no se atrevía a obsequiar a mi madre.

Esta correspondencia no tiene el poder de resucitar sus voces, pero sí sus palabras. La comunicación entre un escritor y una escritora españoles, situados cada uno a un lado del Atlántico, da testimonio de una época reciente de la historia de España. Su lectura informa de las dificultades profesionales que vivieron cada uno por motivos diferentes y su lucha por superarlas; de su enfoque de la vida; de la religión; de la política del momento. Todo ello aderezado por la grandeza de corazón de sus autores, la abundancia de su generosidad, la ternura y amistad que destila cada una de estas epístolas, y la buena pluma de ambos.

Se conocieron los dos escritores en 1965 en Estados Unidos, cuando mi madre visitó ese país invitada por el Departamento de Estado americano. En la carta que inicia esta correspondencia, Carmen Laforet anuncia su viaje y propone un encuentro que se produce a su paso por Los Ángeles en el mes de noviembre. No vuelven a verse hasta 1974, en que Sender visita España. Pero han sembrado una semilla de amistad que se ve madurar y crecer en esta correspondencia, alimentada por la lectura recíproca de sus obras y la admiración mutua cuya expresión abunda en estas páginas. En 1968, después de dos años de cartearse con el trato de «usted», pasan a la forma más coloquial y amiga del «tú», lo que favorece el carácter íntimo de su comunicación.

Carmen Laforet le cuenta sobre su vida familiar, los hijos, las tareas como anfitriona y ama de casa, el enfoque religioso de su vida, su búsqueda constante de felicidad y alegría. Le traslada sus dificultades de ser y escribir como mujer, la inseguridad frente a su obra de la que se muestra muy crítica. Se dice apolítica, pero va creciendo en ella un sentimiento de rechazo al país en el que vive y que tanto ha cambiado. Advierte a su amigo de su percepción para que no sufra desengaño a su regreso. Siente y expresa su desagrado en forma de metáfora. El aire de libertad en el que ella se siente vivir y le es propicio para crear se ha enrarecido, y hasta el clima le parece distinto y adverso:

Un clima de nieblas, de lluvias constantes y hollín. ¿Usted se imagina eso?... Yo le cuento todo esto para que no se haga ilusiones cuando usted venga a recorrer Madrid y el Alto Aragón con nosotros.

Solamente estando tres meses fuera, ya se nota que esto no es lo que nosotros creíamos que era...

Con frecuencia Carmen Laforet menciona su pereza «tan española» para escribir, su falta de fuerzas, su desánimo literario. En la crónica de su viaje a Estados Unidos, aparece el siguiente comentario:

Usted no se acostumbraría ahora —le dije— *a la vida tan áspera como es la de España para los escritores. Usted no se acostumbraría a sentirse perdido en las bibliotecas, a tener que buscar material de estudio como un guerrero solitario entre libros. Tampoco se acostumbraría a nuestras envidias, enemistades, rencillas...*

¿Pueden estas circunstancias desviar a un escritor de su vocación? Muchos lectores se han preguntado sobre el motivo del silencio literario de Carmen Laforet. Yo diría que en la vida de mi madre, tan ansiosa de libertad e independencia, tan deseosa de recuperar la alegría y la despreocupación que formaban parte indisoluble de su carácter, estas actitudes insidiosas fueron minando su espíritu y su entusiasmo. Todavía en la época de estas cartas ella trata de resistir, de mostrarse indiferente:

«No se asombre usted de las malas interpretaciones españolas sobre la obra, las intenciones y hasta la vida de uno. Usted se ha olvidado que vivimos siempre en los pequeños reinos de las Taifas, y que una persona que no está declaradamente en ninguno de estos reinos belicosos, a la fuerza se la considera como enemiga de todos. O tonta, o malvada, o lo que sea. Yo no soy luchadora. Como tampoco soy trabajadora, resulta que otros trabajan por mí interpretándome. Yo estoy curada de espantos y no me causa ninguna impresión nada de eso.»

Este alarde de fortaleza no acabó en victoria. Carmen Laforet huyó hacia el silencio. Este debate de la escritora entre la elección de una vida apartada y serena y el ejercicio de su profesión la agota y desgasta su energía.

Sender la apoya con cariño en todo momento, pero él es un luchador activo, un trabajador incansable, y no cesa de animarla a ella para que haga lo mismo: «... *Robe tiempo al tiempo y escóndase y siga trabajando en lo verdaderamente suyo, en lo que nadie puede hacer sino usted. Tiene un gran talento que no es ya propiedad suya sino de todos nosotros, los que la leemos...»*.

A pesar de su actividad, el escritor está entrando también en una etapa difícil de su vida. Se duele de la soledad y la dureza del exilio, del discurrir de la vejez lejos de sus raíces. Añora terriblemente su país y desea regresar sin traicionarse ni traicionar a los que piensan como él. Le impacienta que las cosas sigan como siempre, que permanezca en el poder ese «*César pequeñito*», el único a quien guarda rencor por todo lo ocurrido, y aunque cree en un futuro mejor, le desespera que las cosas se muevan tan despacio.

Le cuesta aceptar la vejez, precisamente por la fogosidad de su carácter que desborda en encuentros, amores, lecturas, publicaciones..., al tiempo que su energía se ve mermada por la edad y la salud. Su obra empieza a ser reconocida y publicada en España (con algunos recortes y omisiones), pero nada de ello consigue colmar el vacío del exilio. Sufre crisis de ansiedad que se traducen en manifestaciones asmáticas y que él considera de origen psicológico:

...puedo pasar por grandes crisis de no sé qué.

Supongo que es porque no me avengo a ser viejo (27 de enero de 1971).

Necesita a los suyos desesperadamente. La crueldad del exilio, se hace patente en la lectura de estas líneas:

Qué bueno sería que estuvieras tú por aquí, cerca de mí. Porque a veces me siento tan perdido en cuanto a relaciones humanas que me daría con la cabeza contra las paredes... (23 de junio de 1971).

Todos estos sinsabores no le impiden escribir y publicar una novela por año.

El milagro de Sender —escribe Carmen Laforet en sus crónicas de América— *es que sigue viviendo en español y escribiendo en español siempre nuevo y renovado. La nostalgia no le ha secado. Es como si llevara a dondequiera que va, tierra española adherida a sus zapatos.*

Les dejo a ustedes saborear estas cartas y extraer de ellas su sustancia. Cada lector lo hará a su manera y encontrará diferentes respuestas a preguntas diferentes. Yo me he sentido más rica después de leerlas, como si ellos me hubieran invitado a participar en su debate sobre lo humano y lo divino, como si hubieran exhalado hacia mí esa forma de estar en el mundo replanteándoselo constantemente, perdonando y amando.

Cristina Cerezales

INTRODUCCIÓN

Marzo, 2003

1. Trasfondo histórico

Motivado por el recuerdo de haber conocido a Carmen Laforet hace unos quince años, en una conferencia en la Universidad de Georgetown, en Estados Unidos, llegué a Barcelona con el propósito de cursar los estudios de doctorado en literatura española. Carmen Laforet había vuelto a viajar por quinta vez a Norteamérica en 1987 debido a un homenaje que le rindió la Modern Language Association of America. Visitó de nuevo universidades americanas, ofreciendo conferencias a estudiantes de literatura y lengua española. Su visita a Georgetown tuvo lugar en el Departamento de español y portugués de la Escuela de Lenguas y Lingüística bajo la coordinación de la profesora Bárbara Mujica. Su aparición aquella tarde en una de las aulas de conferencias más grande de la planta baja del I.C.C. «Building» (Centro de Cultura Internacional) de esta Universidad, en compañía de la profesora Roberta Johnson, captó de inmediato la atención de la audiencia. Con una imagen de abuelita delicada, y hasta un tanto frágil, aparentando algún año más de los 66 que tenía por entonces, con su cabello gris, abandonando el podio y el escritorio destinados a los conferenciantes, fue acercándose a los profesores y estudiantes. La autora de *Nada* trató de responder y aclarar las preguntas sobre posibles símbolos y arquetipos encontrados en su primera novela, y propuestos en aquel momento, a manera de debate, por algunos de los presentes. Laforet, con un tono quizá algo irónico, contestó en un par de frases: «Si ustedes lo dicen... Yo no lo había pensado..., nunca se me hubiera ocurrido...». Luego, restándole importancia a la crítica literaria, nos decía a todos: «Que critiquen todo lo que quieran...». Más tarde, concluyó su conferencia hablando de sí misma, explicando cómo sus hijos, sus nietos y sus quehaceres cotidianos llenaban su presente y ya no escribía más. Por el carisma de Laforet y la semilla literaria que dejara en aquel encuentro, inspirado también por esa sencillez y humildad, que recuerdo como producto de una espiritualidad enigmática que rodeaba a la autora, quise enfocar mis estudios hacia la literatura de posguerra y su obra literaria. Al llegar de Estados Unidos y tratar de comprender la falta de disponibilidad y representación editorial de sus libros, con la excepción de su primera novela, y el silencio que la circunda en comparación con otros autores de esta generación —justo lo contrario de lo que ocurre en el ambiente académico norteamericano—, Carmen Laforet y su literatura han sido para mí desde entonces un reto intelectual. El dirigirme correctamente para poder profundizar en la trayectoria de su trabajo y en la historia de su vida ha sido posible por mi propia iniciativa, por la orientación de mis profesores y también gracias al apoyo de la familia Cerezales-Laforet.

Por esta atracción intelectual en la literatura española escrita con posterioridad a la Guerra Civil, proveniente de la primera lectura de *Nada* y de esa curiosidad personal nacida de aquella conferencia que dictó Carmen Laforet en aquel período académico de 1987, me pareció la Universidad de Barcelona el lugar más estimulante. Leyendo su literatura posterior a *Nada*, perteneciente a los años 50, *La isla y los demonios*, *La llamada*, *La mujer nueva*, y de los 60, *La insolación* y *Paralelo 35*, al igual que al estudiar sus biografías, entre ellas, la de Roberta Johnson (1981) de carácter académico, la de su hijo menor, Agustín Cerezales (1982) y la más reciente, que rescata y promueve a un primer plano la figura de Laforet, de Inmaculada de la Fuente, *Mujeres de la posguerra* (2002), comencé a indagar y tratar de esclarecer esos períodos de silencio y esos interrogantes acerca de su vida y de su carrera literaria. Pero no fue sino al cabo de un tiempo que se me brindó la posibilidad de aportar un grano de arena para explicar su largo silencio final.

Tras la lectura de sus obras, con la finalidad de hallar algo más que pudiera explicar los enigmas de Laforet y los aspectos biográficos que no se perciben a simple vista, seguí estudiando con más interés para comprender los giros de su producción literaria, los lapsos de tiempo entre sus libros, etc. Así llegué a la conclusión de que no conocemos toda su obra. Al revisar sus crónicas de viaje por Estados Unidos, impresas en *Paralelo 35*, comprendí que tenía que haber correspondencia entre Carmen Laforet y Ramón J. Sender, y que la misma debería de estar en algún lugar. Así fue cómo tratando de localizar en Estados Unidos los remanentes de esos detalles personales de R. J. Sender pude encontrar, para mi sorpresa aquí en España, el archivo del autor de *Réquiem por un campesino español* de vuelta en su tierra natal, Huesca, y en él gran parte de las cartas de Laforet, además de las obtenidas directamente desde California.

El epistolario entre Carmen Laforet y Ramón J. Sender que aquí presentamos comienza en 1965. Sin embargo la historia arranca de mucho antes, de veinte años antes. Fue el 5 de octubre de 1947 cuando Ramón J. Sender, como prueba de su atención y de sus intereses en todo lo concerniente a España, desde la distancia, escribió por primera vez a Carmen Laforet felicitándola por la obtención del primer premio Nadal y por su primera novela *Nada*. Ramón J. Sender se encontraba por entonces en Estados Unidos, en Albuquerque, Nuevo México, concretamente, donde comenzaba a trabajar como profesor de Literatura española moderna en la Universidad del Estado en ese mismo otoño, seguido de los primeros cinco años de residencia y trabajo en Massachussets y Nueva York. Sin embargo, Carmen Laforet no respondió, por lo que parece, a esa carta. Por otro lado, en 1965 recibió una invitación del Departamento de Estado de los Estados Unidos de América para visitar el país. Fue entonces cuando la revista *La Actualidad Española* le pide que recoja en una serie de artículos sus impresiones sobre la vida en esta nación. Carmen Laforet acepta y se prepara para el viaje. Una vez en territorio americano, recordará aquella carta de Ramón J. Sender y le escribirá ella por primera vez. El viaje consistía en un recorrido de aproximadamente tres meses, incluyendo los trasatlánticos de ida y vuelta, los traslados por tren, autobús, coches de alquiler, así como la compañía de una joven intérprete designada por el mismo Departamento de Estado. Las dieciséis crónicas y los diferentes componentes comienzan a partir de su llegada a Nueva York, si bien hizo escalas en Puerto Rico y México. A partir de su llegada al puerto de Nueva York y el recibimiento por un representante del Departamento de Estado, pasará inmediatamente a Washington, D.C., Georgetown; luego, Filadelfia, Boston, Chicago, Springfield (Illinois), Kansas City, Boise (Idaho), San Francisco, Los Ángeles, el Cañón de Colorado, Santa Fe, Houston, Nueva Orleans, Cabo Kennedy y San Agustín, en Florida, para finalizar en Nueva York.

Tal como recuerda en sus crónicas, el viaje coincidió con acontecimientos sociales de cierta resonancia popular en Estados Unidos, como, por ejemplo, la visita de Pablo VI o la estancia de la princesa Ana de Inglaterra en California. Pudo vivir también momentos de crisis política debido a los enfrentamientos sociales de origen racial en los años sesenta. Asistió, por lo menos, a un par de conciertos musicales en Chicago y en Los Ángeles, visitó varios museos y realizó otras actividades culturales de mayor o menor envergadura. De hecho, estuvo recorriendo diferentes ambientes del país, donde, según nos cuenta la propia autora, fue muy bien recibida, y con un especial reconocimiento. E incluso homenajeada con actividades sociales en su nombre, tales como entregas de llaves de ciudades, medallas conmemorativas, regalos, recepciones académicas, etc.

Sin duda Carmen Laforet disfrutó de su viaje a Estados Unidos, lo que se echa de ver en sus artículos y libros destinados a explicarlo. Sus crónicas del viaje fueron publicadas en una serie de artículos en la revista *La Actualidad Española*, bajo el título de *Todo sobre USA por la autora de «Nada», Escribe: Carmen Laforet*. Esas crónicas fueron recopiladas y pulidas por la autora en su libro *Paralelo 35*, y, por último, en su otro libro *Mi primer viaje a USA*: «...Yo quería llamarlo *Mi primer viaje a América*. Otro editor está ahora imprimiendo el libro con mi título original...».[1]

En esas narraciones, Carmen Laforet describe la sociedad norteamericana sin perder de vista sus características humanas, ni los aspectos y detalles que apelan a los sentidos y que resultan más significantes. Y lo hace de manera poética, presentándolos al lector para hacer que se sienta compañero de viaje. Mostrando su sensibilidad creadora, compara y contrasta la realidad de la vida en Norteamérica con la vida peninsular a la que pertenece. En un plano aún más elevado, establece desde el principio, sus metas y propósitos especiales, y que ya le interesaban quizá desde antes de partir de España. Trataba de ver y analizar la vida de los españoles en su adaptación a la sociedad norteamericana. Por otra parte, vale la pena recordar que tuvo ocasión de conocer o saludar a personalidades del mundo académico y literario, como, por ejemplo, Jorge Guillén, la viuda de Amado Alonso, el hermano y la cuñada de Federico García Lorca, Gonzalo Sobejano, Francisco Ayala, Américo Castro, y, en fin, una larga lista de escritores y profesores españoles con residencia permanente en Estados Unidos a mediados de la década de los sesenta. Y entre ellos, descuella la figura de Ramón J. Sender. Debido a aquella primitiva carta que le había enviado el escritor aragonés, siempre había tenido un interés especial en conocerlo personalmente, no obstante no haber contestado aquella carta ahora ya lejana en el tiempo.

1. Tomo la cita de Gazarian Gautier, Marie-Lise, «Carmen Laforet», *Interviews with Spanish Writers*, Elmwood Park, Dolkey Archive, 1992, pág. 159; traducción mía.

Pero esa inquietud tomará forma finalmente en su viaje a Estados Unidos, tal como nos cuenta la propia autora: «... sobre todo quería conocer al gran novelista español Ramón J. Sender, que vivía en Los Ángeles. A Sender le debía contestación a una carta escrita veinte años antes. La carta más hermosa de aliento y de entusiasmo enviada por un escritor conocido, exiliado, a una escritora nueva, surgida, después de una guerra civil, sin ideas políticas y sin compromisos».[2] Ese conocimiento sería, en efecto, parte de aquella respuesta que nunca le llegó a Sender, como insiste en subrayar Carmen Laforet: «Nos conocíamos por correspondencia desde hacía unos veinte años. Cuando la publicación de mi primera novela, Sender tuvo la generosidad de escribirme desde [Nuevo] México. Yo le admiraba sin haber leído más que una pequeña parte de su obra».[3]

De ese interés de Carmen Laforet por responder finalmente a aquella carta de felicitación de Ramón J. Sender, en combinación con su encuentro en Los Ángeles, surgió la serie de cartas cruzadas entre ambos escritores desde mediados de los sesenta hasta principios de los ochenta. Una colección epistolar de singular importancia en la vida de Laforet, puesto que se trata de líneas autobiográficas escritas por la autora en momentos relevantes de su vida, sea de sus viajes, su separación de Manuel Cerezales o su estancia en Roma. Junto a sus epístolas se nos han conservado las respuestas del escritor aragonés, que nos permiten recorrer parte de la vida de ambos y algún aspecto de sus obras, cumpliendo con el propósito de situar la presencia de sus protagonistas en el contexto más adecuado y preciso durante la relación de estos dos escritores. El acercamiento que llevamos a cabo en esta edición ha sido un esfuerzo por identificar el tiempo y el espacio que ocupa, en la vida de Ramón J. Sender, el epistolario de Carmen Laforet, al igual que poder conocer más acerca de la intrahistoria de este volumen epistolar y su significado para La-

2. Véase C. Laforet, *Paralelo 35*, Planeta, Barcelona, 1976, pág. 14.
3. Tomo la cita de C. Laforet, *ob. cit.*, págs. 156-157.

foret. Sender había conservado las cartas de Laforet desde el comienzo en 1965 hasta el final de sus días. Ahora han llegado hasta nosotros como parte de la herencia del autor. La mayoría de esta información ha sido producto de las actividades dedicadas a la celebración del centenario de su nacimiento en 2001. Como fuentes biográficas, también han sido de gran ayuda las entrevistas telefónicas con amigos, colegas y estudiosos del autor, en su mayoría residentes en Estados Unidos, a los cuales ya identificaremos más adelante. Además de los manuscritos y del material impreso obtenido en el Instituto de Estudios Altoaragoneses de Huesca, reconocemos y agradecemos la labor y la amable ayuda, en entrevistas personales y comunicaciones telefónicas, de la profesora Luz Campana de Watts. Por ella contamos con muchos de estos recursos y fuentes de información, a los que debemos la mayor parte del material que ahora presentaremos.

2. Interés personal

Por la distancia geográfica, y por la necesidad de comunicación con este autor que expone Laforet en su libro, acerté en la hipótesis de que hubiera correspondencia entre ambos autores cuando dediqué prácticamente todo el verano del año 2001 a localizarla.

Después de identificar la mayoría de las cartas de Carmen Laforet, dispersas entre tanta correspondencia perteneciente al autor y proveniente de California, pude extraer los manuscritos originales de, por lo menos, unos seis álbumes diferentes en los que han sido colocados por orden cronológico, a partir de 1965 hasta 1982. Luego, para clasificarlos, también hubo que tener presente la carencia de fecha o del año en que fue escrita la carta, como ya veremos en varias ocasiones. El tercer paso fue transcribirlos, donde se ha tratado con especial interés las características y variantes singulares de su escritura a mano (teniendo en cuenta el deterioro, la claridad de la tinta y el uso de ambas caras del folio) hasta obtener una transcripción final. Al contrario de las cartas de Sender, de las que sólo dos fueron escritas a mano, la mayoría de las pertenecientes a Laforet son manuscritos de la autora y su estado reflejan fielmente los años de las mismas. En total, sólo unas ocho fueron mecanografiadas por parte de Laforet. En términos generales, al observarlas en conjunto, contienen muy pocas tachaduras, esporádicas correcciones a mano, y algunas notas al margen o entre líneas. También hemos respetado la posición original de los encabezamientos, fechas y saludos, además de la variedad y el giro de sus respectivas despedidas y firmas. Se puntúa el texto de acuerdo con la norma moderna, como también se regulariza el uso de acentos, así como el de mayúsculas, excepto en los casos en que los autores escriben un vocablo completo en mayúscula, con espacios adicionales, o cuando subrayan con el propósito de ofrecer un sentido enfático. Finalmente, por conveniencia para el lector, hemos desarrollado las abreviaturas a través de todas las cartas.

Este epistolario se compone de la mayoría de las cartas que Laforet escribiera a Sender y Sender a Laforet durante un período de diez años, de 1965 a 1975. Esta selección de cartas inéditas está encabezada por aquella carta de felicitación y apoyo que Sender le envió a Laforet originalmente desde Estados Unidos, y que la autora ha conservado hasta el presente. El resto es una continuación de aquella cena en su primer encuentro en Los Ángeles en el otoño de 1965: «El gran novelista Ramón J. Sender me invitó a cenar en compañía de la escritora norteamericana Dorothy McMahon... Al llegar a Los Ángeles le admiraba más. Durante el viaje, como ya he contado, había leído su *Crónica del Alba* y a mi juicio *Crónica del Alba* es la novela más importante del último cuarto de siglo de nuestra literatura».[4] Encontramos un comentario de Sender cuando le escribe a Laforet el 4 de marzo de 1966 donde también trasluce el placer de ese primer encuentro que dice así: «Lástima que no llegara a mis manos

4. Véase C. Laforet, *Paralelo 35*, Planeta, Barcelona, 1976, págs. 156-157.

su primera carta antes de ir con Dorothy a verla a usted. ¡Me habría anticipado tanto la alegría! Pero tal vez es mejor así. La tratamos sólo como a una turista distinguida...». Por otro lado, gracias a Carmen Laforet y a sus cinco hijos, ha sido posible recuperar e incluir en esta edición, casi todas las cartas que corresponden al autor aragonés. La autora de *Nada* conservó durante años este epistolario de Sender en orden dentro de un cartapacio, como un valioso recuerdo. Es también motivo de admiración en Carmen Laforet la discreción que siempre conservó ante la comunicación y la relación por correspondencia que mantuvo por tantos años con el único amigo escritor español de la calidad de Ramón J. Sender.

La importancia de este epistolario descansa en la luz que arrojan la mayoría de estas cartas, que se caracterizan por su espontaneidad y su perfil informal, repletas del uso de una lengua cotidiana, viva, sencilla, de tono familiar y con matices narrativos poéticos dignos de la sensibilidad artística de ambos autores. Asimismo, estas cartas nos informan acerca de algunas de las etapas de silencio de Laforet, de la causa de ellas, y de las repercusiones en su literatura o en la ausencia de la misma. Esta colección epistolar de Laforet y de Sender nos puede dar una mejor idea de la relevancia que la autora concede a la escritura y a su colega Sender. Vemos claramente el progreso y la evolución de esta relación, desde el uso de «usted» en las primeras cartas, hasta el comienzo de un trato más familiar de «tú» a partir de los primeros años de correspondencia, como ya observa Cristina Cerezales en el prólogo de esta edición. Encontramos también un intercambio intelectual sobre sus obras, que acaba siendo una relación personal. Percibimos esa evolución intelectual a partir de la identificación de un tutor literario en la figura de Sender que se va convirtiendo en una confianza familiar donde sus hijos y nietos vienen a formar parte del material temático de sus cartas. Hablando de temas, considero interesante señalar cómo se conservan en estas páginas, desde algunos aspectos materiales del trabajo de escritor de aquella época, hasta muchos de sus sentimientos íntimos y experiencias espirituales, como ejemplo, la alusión casi constante a Santa Teresa, tanto en su vertiente religiosa como literaria. También cobra importancia la crítica sociopolítica que Laforet sostiene con su colega en el exilio, sin olvidar la comparación persistente entre ambos países. Esta discusión muestra el efecto negativo y la influencia adversa que la España de la década de los años sesenta y setenta ejercían en la creación literaria. Sienten una suerte de saturación que finalmente conduce a Laforet fuera de España y le hace pensar en Estados Unidos y en otros países europeos como alternativas para vivir y trabajar, y todo ello en contraste con las dudas y los deseos derivados de la soledad y la nostalgia de volver a España de que nos habla Sender.

De la misma forma, la correspondencia refleja el diario vivir de estos dos escritores: por ejemplo, cuando se habla de la necesidad de escribir artículos para cubrir los gastos del verano por el lado de Laforet, la consideración de los factores de tiempo y espacio para escribir los libros de ambos, el compartir sus necesidades primordiales y sus deseos más personales, sus aspiraciones, sus frustraciones, sus pensamientos acerca de Madrid y otros lugares dentro y fuera de la Península que tanto mencionan en sus cartas, y hasta cuando incluyen anécdotas de sus sirvientas, etc. Tal como afirma Roberta Johnson, «una de las preocupaciones centrales de Laforet, [es] el conflicto entre los sueños humanos y las aspiraciones y las limitaciones impuestas en ellos por la realidad...».[5] En efecto, a lo largo de estas cartas observamos el conflicto entre su vocación literaria y la España de la época.

Por otra parte, encontramos referencias a los diferentes registros literarios de Laforet desde sus últimas publicaciones, a finales de la década de los sesenta, la interrupción de su producción literaria y las consecuencias que su separación matrimonial de Manuel Cerezales ejerce en su vida personal y en su obra, hasta llegar a entender cómo todo esto

5. Tomo y traduzco de Roberta Johnson, *Carmen Laforet*, Twayne Publishers, Boston, 1981, pág. 141.

afecta su literatura y su futuro. La separación matrimonial, a finales del verano de 1970, impacta en Laforet de forma notable, sobre todo cuando se propone seguir adelante con la producción literaria. En el segundo capítulo del reciente libro de Inmaculada de la Fuente, «Carmen Laforet: los sueños devastados», su autora, al exponer admirablemente algunos puntos sobresalientes de esta separación, recoge en una frase su sentir respecto a este momento que afronta Laforet: «... la doble necesidad de viajar y de aprender a vivir sola eclipsó su dedicación a la escritura».[6] Sin embargo, una separación matrimonial no es algo nuevo ni un acto sorprendente; como explica una escritora feminista, Carolyne G. Heilbrun, cuando «plantea la hipótesis de que algunas mujeres de gran talento toman las riendas de su propia vida, inconsciente e indirectamente, cometiendo algún "acto atroz"..., que las libere de las limitaciones y expectativas de la sociedad convencional, por ejemplo, desafiando a sus padres, rechazando la religión, abandonando el matrimonio».[7] Laforet busca el escenario adecuado para rehacer la segunda parte de su trilogía *Tres pasos fuera de tiempo*, de la que sólo se publicó la primera parte, *La insolación*, quedando pendiente, en galeradas y con las correcciones ya hechas por la autora, la segunda parte de la novela, titulada *Al volver la esquina*. Por amigos muy cercanos a la autora, sabemos del posible manuscrito y del progreso de la tercera parte titulada *Jaque mate*. Parece claro que la separación matrimonial que ella misma deseaba, y que es también un símbolo de ruptura con la España de Franco, en combinación con la falta de un ambiente adecuado y de una estabilidad económica, la llevan a sufrir un conflicto emocional que le impide continuar con los planes literarios que tenía trazados en su agenda. Citamos una sección de la carta 26 que revela el título de una futura novela, que, a pesar de no haber sido dada a conocer, nos comunica esa inspiración que tentaba a la autora desde

6. Inmaculada de la Fuente, *Mujeres de la posguerra*, Planeta, Barcelona, 2002, pág. 75.
7. E. Showalter, *Mujeres rebeldes*, Espasa-Calpe, Madrid, 2002, p. 20.

hacía por lo menos un par de años antes de su separación, y que apoyan por completo lo que acabamos de expresar:

> Quisiera escribir una novela (pero no antes de dos años o cosa así) sobre un mundo que no se conoce más que por fuera porque no ha encontrado su lenguaje... El mundo del Gineceo (que no es de la célebre frase de Platón en *El Banquete* ¿verdad? «Tenemos las mujeres del gineceo para la casa y los hijos...»). En verdad, es el mundo que domina secretamente la vida. Secretamente. Instintivamente la mujer se adapta y organiza unas leyes inflexibles, hipócritas en muchas situaciones para un dominio terrible... Las pobres escritoras no hemos contado nunca la verdad, aunque queramos... lo verdaderamente femenino en la situación humana las mujeres no lo hemos dicho, y cuando lo hemos intentado ha sido con lenguaje prestado, que resultaba falso por muy sinceras que quisiéramos ser.

De esta forma, somos testigos de la manera en que la escritura epistolar viene a ser un consuelo y un desahogo literario para la autora, sustituyendo su narrativa y sirviéndole de depósito de reflexiones sobre su vida y su profesión. En él apunta sus vivencias en los años previos y subsiguientes a su separación, incluyendo sus viajes, sus «arranques», intentos, y compromisos literarios, hasta llegar a encontrarse a sí misma y reconocer ante su amigo Sender que los elementos de su personalidad que la motivan y la arrastran en esta vida son la libertad y «su independencia», según lo expresa en la carta 65. Resulta la coherencia de estos elementos al recordar de cerca a sus protagonistas literarios desde 1945. Como concluye su hijo menor, Agustín Cerezales: «Si hay algo que no tiene más remedio que aceptar como una imposición del destino son esos papeles, esos personajes, que no la abandonan. En ellos late una libertad que no sólo nació con ella, sino que ella misma tuvo el valor de reconquistar».[8] Más re-

8. Agustín Cerezales, *Carmen Laforet*, Ministerio de Cultura, Madrid, 1982, pág. 29-30.

cientemente recordaba también que: «hará unos veinte años, escribí que "para Carmen Laforet la libertad no es un deseo o una utopía, sino el único espacio en que se puede respirar". Hablaba de la escritora, y hablaba de la persona. Como ven, sigo pensando lo mismo».[9]

Aún queda material inédito de Laforet que todavía esperamos recuperar y dar a conocer. Aparte de los ya mencionados, *Rebelde en carroza* o *Conversaciones en el Trastevere*, resultado de sus años en Roma y en cuya recuperación estoy trabajando en el presente. La futura publicación de estas obras, al igual que la localización de este epistolario, nos permitiría obtener un mejor criterio más actualizado y más extenso acerca de la literatura de Carmen Laforet que no debemos dar por terminada. Como recuerda Christopher Maurer en su edición del *Epistolario de García Lorca*, «un epistolario bien estudiado permite hablar con mayor seguridad del desarrollo intelectual de un autor, trazar la accidentada historia de sus manuscritos y captar las intenciones que abrigaba a la hora de ponerse a escribir».[10] Todas estas circunstancias concurren en el epistolario de Carmen Laforet y Ramón J. Sender, que nos ayuda a percibir hasta qué punto la trayectoria literaria de la primera, más que abandonada, fue interrumpida, por sus viajes, por su separación matrimonial, por sus colaboraciones como articulista para la prensa y por razones económicas, y acaban enriqueciendo nuestra visión de la autora de *Nada*. Por lo que corresponde al segundo, podemos recibir directamente del autor aragonés sus sentimientos por la ausencia de un hogar y la falta de un ambiente familiar, además de la lejanía de su tierra natal y su gente, por motivo de su exilio, lo que él denomina en varias ocasiones como una especie de «limbo». Entonces explica cómo su soledad y esa insatisfacción por la distancia espolean su prolífica producción literaria en una dirección opuesta a la de su colega Laforet. De una de sus últimas cartas, la número

9. Agustín Cerezales, «Mamá», *El Mundo*, 30 de mayo de 2001, pág. 63.
10. Véase Christopher Maurer, *Epistolario de García Lorca*, Cátedra, Madrid, 1997, pag. 7.

74, recordamos este fragmento: «¿Por qué no escribes y no publicas más? Claro es que yo comprendo que rodeada de niños (hijos y hasta nietos) que te quieren no necesitas escribir. Sólo escribimos los que tenemos que luchar contra alguna clase de "vacío invasor". Es decir, los desgraciados. ... soy uno de ellos y escribiendo cancelo y compenso las sombras interiores...». Así logra Sender justificar su inagotable producción literaria ante los ojos de Laforet, quizás sin lograr atinar verdaderamente en los conflictos internos de su amiga. Lo que sí vemos claramente es cómo forja e idealiza en la figura de Carmen Laforet ese trozo de España que cumpliría con todos los requisitos y las expectativas que podrían satisfacer y llenar, a su vez, esos sentimientos de vacío y de soledad que experimenta en esos últimos años de su vida en California. Sender llega al punto de manifestarle directamente a su destinatario Laforet en la carta número 26 el siguiente pensamiento cargado de emoción y sentimientos: «No sabes lo que daría por poderte ver una o dos veces al menos por semana. Todas las miserias del llamado exilio desaparecerían y la vida sería un verdadero lujo. Al menos para mí».

En fin, en la lectura de este epistolario podrá verse el apoyo, el cariño y la amistad que surgió entre Laforet y Sender. Aparte de su importancia histórica y literaria, estas cartas nos dejan también el testimonio de dos vidas paralelas en un período histórico que los marca y cuyas consecuencias comparten. Aunque sus caminos no se unen, tienen la necesidad de realizar y mantener una comunicación epistolar donde se desbordan compartiendo sus dudas y sus pasiones personales y artísticas, que, pese a sus limitaciones, quizá quisieran haber compartido más de cerca, y ante esta imposibilidad logran al menos dejarlo expresado en este período de diez años. Desconocemos por el momento cómo continúa esta correspondencia durante los próximos siete años hasta el fallecimiento de R. J. Sender en enero de 1982, pero sí sabemos por familiares y amigos que esa amistad y ese intercambio epistolar se extendió hasta el final de los días del escritor aragonés, quien murió solo, y con el bolígrafo en la mano, corrigiendo unas pruebas de imprenta de una de sus últimas ediciones. Sender no fue enterrado en España. Hoy ni siquiera podríamos visitar su tumba. A pesar de sus visitas a España en la década de los setenta y de la recuperación de su ciudadanía española en 1980, sus cenizas fueron esparcidas en el Océano Pacífico, en lugar de su tierra natal. He aquí uno de los ejemplos más representativos del exilio de los escritores españoles del siglo XX. Además de su gran producción literaria, su prosa se distingue por una honda queja que surge de la injusticia social de la que él mismo había sido víctima. Lo que se ha prolongado como tema de estudio en las universidades americanas gracias a una de sus obras más populares, *Réquiem por un campesino español*. En esta novela su protagonista Paco, cual un portavoz, al igual que Andrea en *Nada*, logra presentar y comunicar con notable éxito a los estudiantes norteamericanos —a los que pudo conocer Carmen Laforet en los viajes con que comenzaba nuestro comentario— los aspectos históricos y culturales más sobresalientes de la primera mitad del siglo XX en España. A pesar de la distancia y del tiempo el autor pensaba y escribía sobre España como si estuviera en España, comprometido con el presente y el futuro de su país. Ahora asimismo nos queda esta faceta de su correspondencia con Carmen Laforet donde de forma similar a otros epistolarios del autor aragonés, con diferentes amigos y colegas como Francisco Carrasquer o Joaquín Maurín, nos muestra una vez más el amor a su país, su presencia y su generosidad.

ISRAEL ROLÓN BARADA

AGRADECIMIENTOS

El logro de esta presentación epistolar ha sido gracias a la ayuda, la dirección académica y el estímulo de la profesora Anna Caballé, de la Universidad de Barcelona, quien me señaló el valor y la necesidad de dedicarle un estudio especial, que surgió durante mi edición de los artículos periodísticos de Carmen Laforet en la Unidad de Estudios Biográficos de esta Universidad.

Quiero también recordar y agradecer la generosa ayuda y colaboración que he encontrado en el Instituto de Estudios Altoaragoneses, en especial por parte de Ester Puyol Ibort, Ana Oliva Mora y Fernando Cortías Gayán, quienes con su dedicación han ayudado a encauzar este proyecto desde sus inicios. Nos ha guiado al Instituto la información obtenida en varias universidades de California y otras instituciones universitarias norteamericanas que guardan relación con Ramón J. Sender. Agradezco también las entrevistas concedidas durante el verano de 2001 por los profesores Ramón Araluce de la Universidad del Sur de California, Sandra Robertson de la Universidad de San Diego, Víctor Fuentes de la Universidad de California, y Theodore Sackett de la Universidad de Nevada, en Reno, quienes conocieron personalmente a Ramón J. Sender y atendieron amablemente mis consultas. Por los mismos motivos, agradezco en Barcelona la amabilidad de Jesús Vived Mairal, biógrafo de Ramón J. Sender, y al profesor Domingo Ródenas de Moya. En Madrid, doy las gracias en especial a Carmen Laforet, por las visitas personales, y a sus hijos, Marta, Cristina y Toni, Silvia, Manuel y Agustín, por las numerosas entrevistas concedidas desde el mes de abril de 2001. A Inmaculada de la Fuente, de quien he recibido inspiración y valor. Y a la profesora Luz Campana de Watts, con quien pude entrevistarme en Londres en junio de 2002, y a mis amigos norteamericanos la profesora Kathy Urbanc y David Pires les doy las gracias por creer en mí y por su continuo apoyo. Finalmente, al interés con que Ediciones Destino acogió el proyecto, y el apoyo y atención de Malcolm Otero.

CORRESPONDENCIA
1965-1975

5 oct. 1947

Ramón Sender
DEPARTMENT OF MODERN LANGUAGES
THE UNIVERSITY OF NEW MEXICO
ALBUQUERQUE (N. M.)
U. S. A

Estimada compañera:

He leído su "Nada" y me parece una buena novela. Hace años que no había tenido una impresión tan "confortable" intelectualmente hablando. Es un gran placer encontrar el talento literario sobre todo en nuestro propio idioma. Enhorabuena.

Supongo que sigue usted trabajando y que subordina Vd. todo lo demás a los intereses literarios —tan importantes para usted, para mí, para todos, a falta, en esta generación, de otras riquezas—. Usted tiene un gran talento y nos pertenece a todos. Cuídelo y no se deje arrebatar por la gloriola y ni siquiera por la gloria. Conserve siempre ese dominio de la realidad, esa visión directa, sencilla y asombrosamente humilde —es la humildad la que hace el milagro— de su "Nada" que releo y que admiro.

Si no tiene comprometidos los derechos para la traducción al inglés —en América— yo puedo ofrecer su libro a mis editores, en New York. Me gustaría hacer algo por darlo a conocer. Si me dice Vd. que sí escribiré enseguida a mis editores, con un informe minucioso sobre su novela.

Si tengo su dirección le enviaré algún libro mío reciente en español.

Enhorabuena otra vez. Es usted una espléndida escritora. Gracias por la alegría que me ha dado su "descubrimiento".

Ramón J. Sender

1. — A Carmen Laforet[1]

The University of New Mexico
Albuquerque (Nuevo México)
USA

5 [de] oct[ubre] [de] 1947

Ramón Sender
Department of Modern Languages

Estimada compañera:

He leído su *Nada* y me parece una buena novela. Hace años que no había tenido una impresión tan «confortable» intelectualmente hablando. Es un gran placer encontrar el talento literario sobre todo en nuestro propio idioma. Enhorabuena.

Supongo que sigue usted trabajando y que subordina usted todo lo demás a los intereses literarios — tan importantes para usted, para mí, para todos, a falta, en esta generación, de otras riquezas. Usted tiene un gran talento y nos pertenece a todos. Cuídelo y no se deje arrebatar por la gloriola y ni siquiera por la gloria. Conserve siempre ese dominio de la realidad, esa visión directa, sencilla y asombrosa-

1. Ésta y la del 5 de abril de 1966 (n. 10) son las únicas dos cartas de este epistolario que R. J. Sender envía como manuscritos a C. Laforet.

mente humilde —es la humildad la que hace el milagro— de su *Nada* que releo y que admiro.

Si no tiene comprometidos los derechos para la traducción al inglés —en América— yo puedo ofrecer su libro a mis editores en Nueva York. Me gustaría hacer algo por darlo a conocer. Si me dice usted que sí, escribiré enseguida a mis editores con un informe minucioso sobre su novela.

Si tengo su dirección, le enviaré algún libro mío reciente en español.

Enhorabuena otra vez. Es usted una espléndida escritora. Gracias por la alegría que me ha dado su «descubrimiento».

Ramón J. Sender

2. — A Ramón J. Sender[2]

[Boston, USA, octubre de 1965]

Sr. D. Ramón J. Sender.

Señor Sender: Hace muchos años que tengo deseos de hablar con usted. Sería para mí una verdadera alegría, aparte de un gran favor, que pudiéramos encontrarnos durante mi estancia en Los Ángeles. Que pudiera recibirme en la Universidad o donde usted quisiese. Viajo por Estados Unidos con una intérprete puesta por el Departamento de Estado, que me ha invitado a este increíble recorrido por América.

Yo no lograba nunca leer libros suyos. Hace algún tiempo encontré en Madrid *Réquiem por un campesino español.* Y aquí en América llevo conmigo la *Crónica del alba* y no creo que haya habido una novela más hermosa, más llena de pureza y de encanto y de fuerza en toda la literatura de la posguerra. Llevo el libro para que lo lean mis hijos y me gustaría mucho que usted pudiese dedicarme este ejemplar.

Me llamo Carmen Laforet. Usted tuvo la generosidad de escribirme cuando yo publiqué mi primera novela hace veinte años. Yo no sabía entonces que era usted escritor. Después

2. Ésta es la carta que da comienzo al epistolario, escrita por Laforet en territorio americano en el otoño de 1965. Sabemos más adelante, gracias a la n. 8 de este epistolario, del 4 de febrero de 1966, que Sender no la recibe hasta cuatro meses más tarde, cuando pasa casualmente por su antigua residencia de más de un año atrás.

he ido no sólo sabiendo sino queriendo conocer su obra, hasta este encuentro con ella.

En mi programa de viaje tengo una probable llegada a Los Ángeles, en automóvil, el día 11 de noviembre, hasta el 16 con el intermedio de una visita a La Jolla. Y está previsto que me aloje en Los Ángeles en el Chapman Park Hotel, 3405 Wilshire Boulevard. Si no pudiese tener esa felicidad de conocer[le] a usted por cualquier razón, quisiera darle las gracias otra vez por haberme escrito hace años, y sobre todo por haber escrito la *Crónica del alba.*

Con afecto y con admiración, un saludo.

CARMEN LAFORET (FIRMA)

CARMEN LAFORET

3. — A Carmen Laforet

3427 McClintock Avenue, #10
Los Angeles, California 90007

4 (?) [de] diciembre [de] 1965

Querida Carmen,

Gracias por su postal desde Taos. Supongo que se decepcionó un poco, según suele pasar a todos los visitantes, con los indios. O tal vez no. Depende de lo que vio por allí. ¿Vio también a la mujer vestida de blanco de La Fonda? ¿Comió en Doña Luz[3] —heroicamente y sin pensar en las calorías?

Desde que estuvo aquí pensamos mucho en usted. Para mí fue un gran placer conocerla. Los estudiantes recordarán siempre el intercambio de elogios entre usted y yo (los suyos de veras generosos) y se harán una idea falsa de la cordialidad de relaciones entre los escritores españoles. Algo salen todos ganando y bien lo necesitan, ¿verdad?

Supongo que está usted con un pie en la escalera volante del barco y ojalá goce usted del viaje de regreso como gozó

3. «En Taos hubo un restaurante llamado Doña Luz,... Llevaba el nombre de doña Luz Lucero de Martínez, de familia de españoles colonizadores...», cfr. J. Vived, *Ramón J. Sender, Biografía*, Páginas de Espuma, Madrid, 2002, p. 433; recuerda Carmen Laforet que «buscamos la fonda de doña Luz, que nos había recomendado Sender...» (C. Laforet, *Paralelo 35*, Planeta, Barcelona, 1976, p. 181); Taos es una pequeña ciudad de Nuevo México.

del anterior. Yo también lo paso muy bien en el mar, que para mí es femenino (para usted ¿masculino?). Ojalá tenga usted muchos delfines escoltándola —esos que juegan saltando sobre el agua. Hay muchos en las Antillas y pienso que tal vez su barco bajará a esas latitudes y así tendrán un clima dulce y templado.

He enviado notas a mis editores de España —aún no acabo de creer que salen allí mis libros— para que envíen a su casa un ejemplar. Seguiré haciéndolo en el futuro aunque eso no le obliga necesariamente a leerlos, claro. Supongo que la trilogía de *Crónica del alba* la divertirá tal vez y que se reirá usted con las cosas que hacen y dicen esos chicos de 1912-14 (!!!). ¡Qué edad, ya, la mía! Ya he pasado —¡ay!— la edad corriente. No hay salvación. Es posible que tampoco la quiera. Y que se fastidie el 'hado' si es que hay un hado y se puede fastidiar.

Deseo a usted, a su marido y a sus hijos todas las gracias y venturas de este mundo. Y les abrazo a todos desde esta «smoggy» (que traduzca su niña) ciudad de Los Ángeles.

Dorothy le envía abrazos también y me dice que va a escribirle.[4]

Muy cordialmente.

RAMÓN J. SENDER (FIRMA)

4. R. J. Sender se refiere a Dorothy McMahon, jefe del Departamento de Español, Italiano y Portugués de la Universidad del Sur de California (U.S.C.); profesora y escritora norteamericana, quien compartió la cena con Sender y Laforet cuando se conocieron personalmente en Los Ángeles en el otoño de 1965. Por Luz Campana de Watts, sabemos de la trágica muerte de esta escritora, que murió incendiada una noche a causa de haberse quedado dormida mientras fumaba un cigarrillo.

4. — A Ramón J. Sender

Enero [de] 1966

Querido amigo: Hace más de un mes que —día a día— le estoy escribiendo una carta. Pero esto es lo que tiene España: que le aniquila a uno. ¡No contesto cartas, no hago nada de provecho desde que estoy aquí y siempre tengo la sensación de que estoy cargada de trabajo!

¡Qué sensación más horrible volver! El tren lleno de carbonilla —aunque hace años se suprimió la máquina de carbón— los empleados mal vestidos, los hombres mal educados... Y el clima de Madrid que desde hace unos años es un clima exactamente igual al que, de niños, nos decían que tenía Londres: un clima de nieblas, lluvias constantes y hollín. ¿Usted se imagina eso? Me encantaría vivir en América y venir aquí sólo de vacaciones. Yo le cuento todo esto para que no se haga de ilusiones cuando usted venga a recorrer Madrid y el Alto Aragón con nosotros. Solamente estando tres meses fuera, ya se nota que esto no es lo que nosotros creíamos que era.

Una gran alegría: sus libros. Mis hijos me los arrebataron. Mi marido había hecho una larga crítica del *Bandido adolescente*, que le envío, si la encuentro, antes de cerrar esta carta (porque ya no quiero que esta carta deje de salir hoy), y nuestro amigo José Manuel Lorenzo Carriba me pide que le envíe sus recuerdos, porque parece que se reunían en una de las tertulias de café que había antes. Carriba es también amigo de Miguel Ángel Asturias[5] y no sé quien más.

Perdóneme, Sender, que estas líneas hayan tardado tanto, con tantas cosas que tengo que decirle, y tantas que le prometo le diré a lo largo del tiempo.[6]

A Dorothy un fuerte abrazo. Para usted mi admiración y mi afecto.

CARMEN

P.S. Si no encuentro hoy la crítica de mi marido se la enviaré dentro de unos días.

P.S. Le envío un tomo con varios libros míos y otro que no está incluido en el tomo. No estoy contenta con ninguno.[7]

5. Premio Nobel de origen Guatemalteco. J. Vived, ob. cit., p. 585: «... hombre de letras y amigo. Se conocieron personalmente en México durante el exilio. Como ya dije, Asturias le ayudó». Asturias murió en junio de 1974 durante la estadía de Sender en Madrid en su primera visita a España, después de 35 años de exilio.

6. Aquí podemos observar una promesa, o lo equivalente a un pacto, tal como lo llamaría Claudio Guillén en sus *Múltiples Moradas*, típico del protocolo de la literatura epistolar. «... algo como un contrato con el lector.» (C. Guillén, *Múltiples moradas*, Tusquets, Barcelona, 1998, p. 187).

7. Comienza el intercambio intelectual y literario. Adjunto a esta carta, Sender recibirá los ejemplares de casi toda la producción literaria de la autora. Por las ediciones publicadas de Laforet hasta entonces, puede presumirse que le habrá enviado un ejemplar de sus obras completas, *Novelas*, publicado por Planeta, 1957, y una copia separada de *La insolación*. Con un acuse de recibo psicológico y retórico le pide una consulta literaria y una respuesta, como la otra parte del contrato, a su destinatario.

5. — A Ramón J. Sender

[Enero de 1966]

D. Ramón Sender.

Querido amigo. El otro día le escribí aquí, en el Lyon (tengo tan poca memoria visual que no recuerdo si la muestra es Lion o Lyon) frente a correos. Creo que es uno de los pocos cafés viejos que quedan, de manera que lo conocerá usted. Le escribí, pero me parece que no tenía sus señas a mano, de manera que no eché la carta en aquel momento. Ahora no la encuentro y no sé, por lo tanto, si llegó a sus manos o no llegó. Pero se lo digo para que sepa que usted está muy presente en mi recuerdo como —es muy curioso— ha estado su personalidad todos estos años en que no le escribí. Claro que tienen éxito sus libros. Es usted un grandísimo escritor. El que esté usted fuera lima las envidias que usted encontraría en su vida diaria si tuviese la desdichada idea de vivir aquí... Pero tiene que venir a dar una vuelta en verano. El verano que usted quiera, sin pensar en más que en que le da la gana de venir y puede hacerlo.

He pedido a mi marido que busque en la colección del periódico, otra vez, la crítica que hizo del *Bandido* antes de que yo volviese de América. Yo la he perdido.

Estos días en España son rarísimos. Uno se disuelve como un terrón de azúcar en un vaso de agua. No se hace nada de provecho. He alquilado una casita en Cercedilla para irme dos o tres días entre semana a dar paseos por el campo, encender la chimenea de leña y trabajar, pero mi dirección sigue siendo O'Donnell 38, porque ahí vuelvo continuamente.[8]

En la carta que le escribí, le contaba que Madrid ha cambiado de clima. Este año llueve continuamente, no hace mucho frío, y el cielo está gris de nubes y de hollín. Los desmontes están llenos de hierba sucia. Es muy triste.

¿Me permite que hable de usted en las crónicas que estoy escribiendo de mi viaje? Yo quiero decir que la semilla de personalidad y de inteligencia que dejan los exilios (aunque no voy a emplear la palabra) hace más por España que todos los esfuerzos interesados e ineficaces. Usted es más español que todos los que estamos aquí. ¡Dios le bendiga! Para emplear una frase de allá.

Voy a echar esta carta a correos. Es sólo mi recuerdo. Le escribiré más. Dele un abrazo a Dorothy. Con afecto, con admiración.

CARMEN LAFORET

8. Laforet le confirma a Sender que ha alquilado una casa en Cercedilla, pueblo de la sierra madrileña, un lugar que vino a significar para Laforet la creación de un espacio y el aislamiento necesario para escribir y dedicar parte de la semana a la producción literaria, como en el pasado.

6. — A CARMEN LAFORET

29 [de] enero [de] 1966

Querida Carmen,

Muchas gracias por sus dos preciosos libros. ¡Estoy leyendo tantas cosas suyas nuevas! Y se me ocurren ideas que le harían reír: por ejemplo, siempre encuentra algún pretexto para justificar a los hombres. Por una razón u otra los hombres somos mejores que las mujeres (eso quiere decir que es usted terriblemente femenina, lo que está muy bien, claro). En mis libros pasa lo contrario. En general las mujeres son siempre mejores que los hombres (supongo que también es natural).

Pero además de ser usted una magnífica escritora es una mujer buena —angélica—. Tanto mejor para su marido y sus hijos (y sus amigos y sus lectores). Tanto mejor para todos. No deje de mandarme en el futuro los libros nuevos que publique. Yo le mandaré los míos también.

Estoy leyendo sus novelas cortas (la prisa por poseer unidades enteras de su obra me hace ir a ellas antes que a las novelas largas) y son de una finura exquisita. Sus libros han llegado hace dos días. Cuando los termine le volveré a hablar de ellos. Otra cosa me gusta mucho ver en ellos: usted ama la vida como la vida es (lo que quiere decir que es feliz). Esto último me encanta. Y hay algo más importante: la felicidad no se lleva, ahora, en el arte. Pero la de usted (digo, la de sus narraciones) se lleva y se llevará siempre porque está llena de talento y es, además, un talento original. En definitiva es lo único que ha contado siempre desde que hay gente que escribe. O —simplemente— que alienta.

Hasta en *Nada* hay felicidad. Hay una dulce conformidad con la desgracia que sólo se le puede ocurrir a una muchacha armoniosa y rebosante de gracias —y de talento (y no diga que son piropos). En eso de decir la verdad soy muy baturro.

Sí, ese café Lyon estaba ya cuando yo vivía en Madrid. Se entra bajando un par de escalones y es —por decirlo así— apaisado. ¡Cómo me gustaría estar allí con usted o con alguna de las personas que usted quiere!

Me debe usted una carta (quizá se va a cruzar con esta), pero no se preocupe de esa clase de deudas. Quiero decir que si se aburre y le sobran de vez en cuando diez minutos me ponga unas líneas diciéndome algo de su vida ahí. Supongo que va a la sierra (a Cercedilla) a trabajar en sus libros nuevos. Con buen fuego en la chimenea debe ser encantador ver la nieve (si la hay todavía) fuera. O los verdinegros pinos de la serranilla.

Yo aquí voy y vengo a la Universidad y al mar, y entretanto trabajo un poco en mis cosas también. Respiro gasolina en la calle como cada cual (creo que estamos desarrollando algún órgano respiratorio nuevo para adaptarnos, como las ranas cuando dejan de ser samarugos) y soñando en España. Tal vez, cuando esté ahí, soñaré en América. Nuestra sensibilidad «vive» y actúa en círculos cerrados, como los borriquitos alrededor de la noria. Pero me gustaría ir ahí, y tal vez iré pronto, como un turista más, o como esos indianos que se pasan la vida diciendo a los parientes y amigos: «Porque acá no es como allá». La verdad es que acá y allá, cuando uno va entrando en la vejez, las cosas no tienen el interés que tenían.

Reciba la admiración y el cariño de su viejo amigo,

RAMÓN

7. — A Carmen Laforet

3427 McClintock Avenue
Los Angeles, California 90007

2 [de] febrero [de] 1966

Querida Carmen Laforet,

No quise escribirle últimamente, porque pensaba que estaba usted gozando de su familia después de la ausencia (navidades, Reyes, etc.) y llena de cosas agradables. Su carta que ha llegado hoy me ha alegrado mucho, y sobre todo la promesa de sus libros.

Supongo que le han enviado a usted los que salieron en España últimamente. El *Bandido* está lleno de erratas. Ponen milenio en lugar de milesios y otras cosas desaforadas. En cada página hay una errata al menos. Yo creía que eso sólo pasaba en México. He protestado y me dicen que han echado a los correctores que tenían la culpa (eso no remedia la cosa). Bueno, hay que resignarse. Me hace gracia lo que dice de que no le gusta ninguno de esos libros que me envía. La verdad es que tuvo usted la rara fortuna (peligrosa) de comenzar con una obra maestra. Ahora sería difícil que le parezca bien lo que hace si no es mejor que aquello (lo que es difícil). Tampoco a mí me gusta casi nunca lo que publico, aunque los otros dos libritos de *Crónica* (incluidos en el tomo que le mandaron) supongo que habrán hecho reír a sus chicos, lo que me parece encantador.

Doy las gracias a su marido por haber escrito sobre el libro. La verdad es que estoy un poco 'perplejo'. Me tratan todos bien. Eso quiere decir que tampoco ellos tienen rencor. Yo no lo tengo hace mucho tiempo para nadie, aunque con la excepción del pequeñito césar a quien no he podido nunca tragar desde mis viejos tiempos de Marruecos, cuando él andaba por allí con su legión. Espero que Dios se lo lleve (o el diablo, mejor), y entonces sí que iré. Aunque tengo miedo de ir a España, porque voy a conmoverme como una vieja sentimental, y para disimularlo tendré que pelear con alguien (policía de fronteras, quizá). En todo caso, iré cuando el cesarito desaparezca por el foro.

Dorothy la recuerda con cariño. Hemos hablado a menudo de usted. Mis estudiantes dicen siempre lo mismo: «¡Tan bonita, Carmen Laforet!». Y no son hombres, lo que no me extrañaría, sino muchachas bonitas también —que suelen ser parcas en el elogio a sus congéneres—. En todo caso, sepa que dejó aquí un recuerdo de veras encantador.

Sí, aquí todo está mejor que en España «a primera vista». Esos trenes donde una novia vestida de blanco podría pasar tres días y tres noches sin recibir una mota de carbonilla o de polvo. ¡Todo tan limpio y bien organizado! Pero ¿qué vamos a hacerle? ¡A mí me encanta la mugre española! No hay nada más horripilante que la vaciedad de esas señoras de los comités de recepción —cada una con una orquídea en el pecho— impolutas de cuerpo (no tanto de alma, claro) que le preguntan a uno: «¿Y cómo le gusta América?». Y esa pregunta repetida millares de veces a lo largo de 25 años es una especie de tortura china.

Yo quiero ir a España —a una aldea de Aragón— y dormir tres semanas, día y noche, hasta hartarme. Desde que salí de España, no he dormido bien una sola noche. Bueno, usted comprende.

Como digo, no quise escribirle pensando que había que dejarla a usted en paz con su familia (debe ser una familia ençantadora). Envidio a su marido y a usted, que tienen eso —una familia— que ya casi no se estila en el mundo. Mis hijos andan desperdigados por ahí; algunos no hablan una sola palabra de español. Y piensan que los padres son el pasado, y que el pasado es siempre un poco fuera de lugar y un poco incómodo y absurdo. Menos mal que están fuertes y son tan felices como se puede ser por estos barrios.

Si tiene humor y algún rato libre, póngame dos líneas, aunque sólo sea para saber que están todos bien, y que se acuerda usted de sus amigos de este lado del charco.

Mis más cordiales efusiones para usted, su marido y sus hijos.

RAMÓN J. SENDER

8. — A Carmen Laforet

3427 McClintock Avenue, #10
Los Angeles, California 90007

4 [de] febrero [de] 1966

Querida Carmen Laforet,

Aunque usted no lo crea, acabo de recibir su «primera carta» de la que usted me habló varias veces en las pocas horas que estuvo por aquí.

La cosa tiene gracia. Había sido dirigida su carta a 3100 Ellington Drive.[9] Yo hace más de un año que no estoy allí y la persona que vivía allí está en Panamá (hace un año también). Sus hijos son de un descuido filial para las indicaciones de su madre, aunque uno de ellos —una niña de 16 años— es (algo de veras) bonita hasta lo sobrenatural. No me hacían llegar el correo atrasado esperando que fuera por allí, y yo no iba nunca.

Anoche fui con amigos a ver *Doctor Zhivago* de Pasternak (a quien conocí en Rusia en 1933).[10] La casa de mis amigos (donde viví algún tiempo) está cerca del cine y es un verda-

9. De acuerdo con J. Vived, ob. cit., p. 513, se refiere a la residencia en Hollywood de la poetisa panameña, Rosa Elvira Álvarez, amiga de R. J. Sender en aquella época.

10. Boris Pasternak, a quien Sender dedicó un artículo cuando fue galardonado con el Premio Nobel de Literatura en 1958. Véase J. Vived, ob. cit., p. 475.

dero palacio (en tamaño, al menos) rodeada de un bosque de eucaliptos en pleno Hollywood. Como teníamos tiempo, yo decidí acercarme allí. No sabía quién estaría —la niña está interna en un colegio y sólo sale los fines de semana—. Al menos quise ver los perros (dos enormes «german shepherd» —que traduzca su niña—) y los gatos que son —estos últimos especialmente— mis grandes pasiones desde que era chico.

Fui y encontré al hijo de la señora que está en Panamá (divorciada, como Dios manda en América), por cierto en muy buena compañía. Se sintió un poco en delito y comenzó a balbucear y a corretear por la casa buscando correo mío atrasado. Me dio diez o doce —12— cartas y me dijo que había otras muchas, pero no las encontraba. Me juró que las encontraría aquella noche y me las enviaría «special delivery». Yo me fui y el chico cumplió su promesa y en el correo de hoy estaba su carta (!!!) con fecha... sin fecha (usted olvida ponerla igual que yo) pero el matasellos dice (confuso y todo) 24 de octubre de 1965.

Yo le aseguré a usted que llegaría la carta, y como ve, ha llegado. Gracias, por ella, tan simpática.

He recibido recortes de España sobre mis libros últimos. En general son bondadosos conmigo. Hay alguna voz discrepante, pero no soy tan bobo que crea que todo el mundo ha de estar de acuerdo pensando bien de mí. Así es que no importa. En mi ensayo sobre Valle Inclán he huido deliberadamente de lo académico para dar a los lectores algún descanso (a los lectores de crítica «oficial»). En fin no me quejo. Un poco me extraña ver que a pesar de tantos años la gente se acuerda de mí y no me quiere mal.

Supongo que ha recibido usted ayer o anteayer otra carta mía (contestando a la suya). Como ésta que ha llegado hoy (cuatro meses después de puesta en el correo en Boston) me ha sorprendido y alegrado, no he querido dejar pasar la ocasión sin darle las gracias.

Mis mejores afectos a su marido y a sus hijos, y usted cuente con la admiración y la amistad de

SENDER

9. — A Carmen Laforet

3427 McClintock Avenue, #10
Los Angeles, California 90007

4 [de] marzo [de] 1966

Querida Carmen,

La llamo así, familiarmente, porque como soy más viejo (podría ser su tío) y he rebasado hace tiempo la «edad corriente», me tomo los privilegios del caso. Usted llámeme como quiera, pero no deje de escribirme alguna vez.

No se preocupe de esa crítica que salió en el diario de su esposo, digo, sobre mí. Si me la envía la leeré con gusto, y desde ahora le agradezco que se ocupara de mi libro para bien o menos bien. El que se ocupara quiere decir que considera mi modesta obra digna de atención. Y gracias.

Aunque la literatura es mi vicio peor y más arraigado uno no vive como usted sabe de (ni por) sus vicios. Hay otras cosas, sobre todo la amistad. Por eso me deja un poco melancólico eso que dice de que no vaya a vivir ahí sino sólo de visita. Ya sé que usted tiene razón (uno se acuerda de otros tiempos) pero nunca ha querido uno convencerse del todo.

Supongo que en otros tiempos (cuando la inquina estaba candente) habrán dicho de mí perrerías —o tal vez no—. Cuando uno ha tenido siempre una vida estúpidamente limpia (nada que reprocharse en materia de honor, según decían nuestros abuelos), esas cosas no ofenden. Sólo chocan, y le extrañan a uno.

Claro es que me sentiré honradísimo si usted habla de mí al hablar de su viaje —digo, en sus crónicas—. Yo también he hablado de usted y muchas veces, aunque sólo en alusiones de paso, porque la sección que tengo en esa agencia internacional es de crítica de libros americanos o ingleses (hechos concretos de libros recientes e importantes). Por eso le preguntaba quién había publicado su *Nada* aquí. Yo he preguntado a mi librero y a la biblioteca de la Universidad, y no han sabido decirme. No le extrañe, porque aquí sólo tuvo éxito un escritor —Blanco Ibáñez— y fue más como masón, tenor de ópera, torero y otros excesos. Claro es que si *Nada* se publica aquí, tendrá una minoría inteligente que le hará honor y a veces esa minoría (como el país es muy grande) alcanza a justificar tiradas de 30.000 o de 40.000 ejemplares. Usted sabe que una *aldea* tiene aquí a veces 60.000 habitantes, 15 bancos, 35 iglesias (de diferentes credos) y una sociedad protectora de plantas, animales e indios a la que pertenece lo más florido de la sociedad.

Si tiene datos concretos (editorial, traductor, etc.) sobre la edición de *Nada*, dígamelos y me daré el gusto de justificar periodísticamente (su esposo sabe eso de las «justificaciones») un buen ensayo. Claro es que con justificación —es decir actualidad— o sin ella la verdad es la verdad, y yo la digo de vez en cuando. Lo que digo es que *Nada* es la primera obra maestra realmente femenina que hay en nuestras letras. La Pardo Bazán y otras a veces están bien, pero todas quieren ser <u>grandes hombres</u>. ¡Qué diferencia con Santa Teresa!, que escribió tanto y tan despreocupadamente nada menos que de amor —de esa <u>broma</u>— absoluto y eterno con tanta sabiduría femenina y además con tanta gracia porque como buena esposa le regañó a su Amado («Tratas tan mal a tus amigos —le decía— que no me extraña que tengas tan pocos»). Y que ya viejecita, cuando un pintorcillo que, el pobre, se llamaba «fra» y no sé cuantos de la Miseria le hace un retrato, ella se queja amargamente de que la hayan pintado fea y asegura que siempre tuvo una apariencia mejor y cuando lo decía había pasado ya la «edad corriente». ¿No es encantador?

Por cierto que he leído que han hecho a Santa Teresa patrona de los escritores y me entusiasma, pero de escritores como usted o como yo. No como Pemán, «¡please!».

En mi adolescencia, yo escribí páginas ridículas sobre Santa Teresa —que se publicaron sin mi autorización estando yo fuera de España—, pero después he querido compensarlo con *Tres novelas teresianas*, que deben salir en un volumen algún día (tal vez pronto). Ya se las mandaré. A propósito, en estos días ha salido en México un libro con otras tres novelas cortas. Todavía no lo he visto y tiemblo recordando que en México ponen erratas hasta en los títulos de los libros —lo que es ya un refinamiento—. Quiero mandárselo cuando tenga ejemplares, pero aunque no hay nada enfermizamente escandaloso, tiene esa libertad de tema y de enfoque de algunas cosas mías, y no creo que debía caer en manos de sus niños que según parece están en los primeros años de la adolescencia (a los 20 ya pueden leerlo). Así es que no sé si mandárselo a su casa o a la oficina de su esposo o a Cercedilla. Si los niños respetan bastante los paquetes postales que llegan para la mamá (cosa que en mi familia no era seguro), se lo mandaré a O'Donnell.

Lástima que no llegara a mis manos su primera carta antes de ir con Dorothy a verla a usted. ¡Me habría anticipado tanto la alegría! Pero tal vez es mejor así. La tratamos sólo como a una turista distinguida, y Dios sabe cómo hace las cosas. La carta fue a la casa donde un año antes vivía (donde estuvo Cela comiendo conmigo) y la casa estaba cerrada (sólo los jardineros seguían en el parque), porque la propietaria estaba en Suramérica. Como aquí (dentro de la ciudad) hay distancias como desde Madrid a Segovia y llamar por teléfono dentro de Los Ángeles tiene tarifas de interurbana («long distance»), los jardineros no me llamaban para decirme si había o no correo. Un día por casualidad —yendo a ver un «film» en Hollywood— me acerqué allí y me dieron un paquete de correo. ¡Allí estaba su carta!

No sé si debo decirle que soy muy religioso a mi manera. Poco asiduo al ritual, claro. Los españoles que nos consideramos un poco leídos tenemos que ser discrepantes por algún lado. Un sacerdote me decía: «Eso es orgullo». Yo le dije: «Mayor orgullo es hablar en el nombre de Dios. Yo no me atrevería nunca a tanto». Él era muy inteligente y comprendió, y ahora voy a veces a oír sus sermones que hace especialmente para mí sobre materia social (los negros que se sublevan, etc.). Y como le gusta la buena mesa, lo invito a buenos restaurantes franceses (no los hay españoles) y nos ponemos como el chico del esquilador.

Cuánto me gustaría ir a verla a Cercedilla y hablar dos o tres horas con usted sobre tantas cosas que dejamos inconclusas (el Guadarrama al otro lado de la ventana). La amistad es tan rara ahora... Dicen que no hay tiempo, pero el poco que tiene la gente lo dedica a envenenarse la vida. La verdad es que la culpa es de todos. Nos pasamos la vida quejándonos de la soledad y defendiendo la soledad al mismo tiempo. Cuando alguien se acerca demasiado, lo mandamos a hacer gárgaras, y luego nos quejamos.

Ahora que sus niños van siendo mayores, escápese a menudo del paraíso de la familia y escriba en Cercedilla o donde sea, como cuando no tenía sino esperanzas (y no olvide mandarme el libro cuando salga).

Bueno, estoy abusando de su tiempo de mamá atareada. Escríbame cuando le sobren veinte minutos, y hábleme de sí misma y de los suyos. No se preocupe de contestar regularmente cada carta mía. Yo gozo escribiéndole casi tanto como leyéndola.

Cuente con la mejor amistad de

RAMÓN

10. – A Carmen Laforet[11]

Barcelona Hotel and Apartments
Juniper Street 3rd to 4th avenues. San Diego, California

5 [de] abril [de] 1966

Querida Carmen,

He venido a San Diego por unos días y traído su libro. He leído *La Isla* y quiero enviarle estas líneas diciéndole que es una gran novela a pesar de lo que me habían dicho algunos (que era inferior a *Nada* y que... etc., etc.). No. Es excelente. Es una novela muy difícil y sin embargo muy lograda.

Estaré aquí dos días más y volveré a Los Ángeles (a mi dirección habitual), así es que si me escribe, hágalo allí. Vine aquí a descansar un poco y a ver a mis amigos (dos o tres pájaros de parque que me conocen, entre ellos una especie de mirlo hindú (con pico amarillo, plumas negras y párpados rojos) que habla inglés y español, y que dice mi nombre muy bien. Muy claro.) También dice a veces: «Don't forget your hat, Jack». (No te dejes el sombrero, Felipe.) Jack es Joaquín, pero aquí lo dicen humorísticamente a todo aquel cuyo nombre ignoran. Cuando el pájaro acierta con al-

11. Ésta es la segunda carta que Sender envió a Laforet como manuscrito, ya que el resto fue mecanografiado, con excepción de las fechas, algunas notas al margen, a pie de página, entre líneas, firmas o cualquier vocablo añadido a mano por el autor.

guien que se deja el sombrero en el banco, tiene mucha gracia.

Vine también a ver un médico que me entiende. Mi garganta está un poco rara (tal vez de fumar cigarros puros inhalando) y el médico me ha inyectado algo. Lo primero que le digo cuando lo veo es: «Si me prohíbe fumar, me iré a buscar otro médico». Y él me mira de reojo porque no sabe qué pensar. Pero en el fondo cree, como yo, que no se trata en la vida de vivir mucho sino de vivir a gusto.

Él es por su parte un glotón y está gordo y tiene ataques de gota de vez en cuando. Así es que tiene por qué callar.

No sé por qué le escribo estas líneas tontas. Supongo que es sólo para decirle hola y darle las gracias por *La isla y los demonios.*

Muy cordialmente,

RAMÓN

Estoy muy contento con sus libros y ufanísimo con las generosas dedicatorias.

R.

11. — A Ramón J. Sender

Madrid, 15 de abril [de] 1966

Querido amigo: ¡Qué pensará de mí! Tengo aquí sus cartas estupendas que tanta alegría me producen y que guardo.

Ha habido una operación quirúrgica en la familia —todo solucionado, todo bien ya— en este tiempo. Pero eso no es disculpa suficiente para mi descuido en la correspondencia. Eche la culpa a este país del demonio enemigo de la correspondencia, y sepa que he leído todas sus cosas en este tiempo. Todas me gustan y aumentan mi admiración por usted. Envíeme lo que quiera sin miedo a mis hijos. Están acostumbrados —desde pequeños— a no tocar papeles, ni correspondencia, ni paquetes, que no les sean dirigidos. En una casa en que Manolo y yo recibimos estas cosas hubiera sido un lío. Para que conozca algo a mi familia le envío esa foto. Es antigua. Las chicas sobre todo son mucho más guapas ahora, es de hace unos tres años, de un reportaje, y la guitarra —desgraciadamente— una mentira porque yo no la toco.[12]

Gracias por todo lo que me dice y por todo lo que me anima. En estos primeros meses de choque otra vez con la realidad de aquí y la vida familiar, la cosa del trabajo mío ha ido muy mal —aún ni entregué las crónicas de América— pero parece que ahora tengo ya cierto equilibrio interno entre todo y voy a trabajar realmente.

12. Tanto la foto, como su dedicatoria (1964), acompañan esta epístola.

Hoy le envío *Nada* en inglés en la edición americana. Me llegaron ejemplares y usted verá si le parece buena la traducción. Yo no sé. ¡Gracias, gracias, gracias![13]

¿Sabe que también pensaba de Santa Teresa lo mismo que usted en su juventud? Creo que leí su ensayo en algún sitio y me pareció admirable. Para mí la cosa de Dios ha sido tremenda. Primero como algo que vino desde fuera. Luego una búsqueda de siete años en que hice las mayores idioteces y las dejé y me metí por todos los vericuetos de nuestro catolicismo español en lo que tiene de venero religioso y en lo que tiene de absurdo y enmohecido y todo. Luego una enfermedad física de todas estas contradicciones entre lo que hacía y mi manera de ser. Y luego otros siete años en los que estoy de casi huida, de volver a mi ser, de encauzar todo a mi razón. Pero siempre encuentro a Dios en todas partes. A veces es como una locura tranquila. Si me voy a París, Dios está en París, si voy a USA, Dios está en USA. Si creo que lo he olvidado me voy de narices contra Él.

En el primer período de siete años fue cuando escribí *La Mujer Nueva*. Por eso creo que es una obra poco convincente: artísticamente por falta de objetividad y perspectiva. Religiosamente por lo mismo.

¡Qué alegría que piense usted en venir! En estos días estoy buscando una casa para veraneo. No sé dónde. Ya le contaré para que venga a ella si es posible.

Dele a Dorothy un fuerte abrazo. Yo a usted le recuerdo siempre, es algo muy admirado y muy querido. Un verdadero amigo y más que eso en el terreno literario: ahí es usted muchísimo más.

¡Todo mi afecto!

CARMEN

13. Se refiere a la primera traducción de *Nada* al inglés como *Andrea*, por Charles F. Payne, la que brinda a Sender la oportunidad de escribir su artículo «Carmen Laforet en inglés», que incluimos en el apéndice de esta edición.

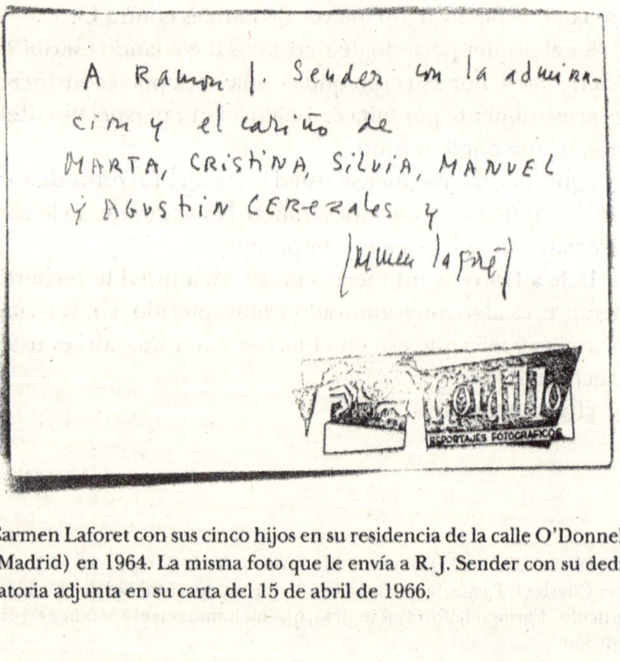
A Ramon J. Sender con la admira-
cion y el cariño de
MARTA, CRISTINA, SILVIA, MANUEL
y AGUSTIN CEREZALES y
Carmen Laforet

Carmen Laforet con sus cinco hijos en su residencia de la calle O'Donnell (Madrid) en 1964. La misma foto que le envía a R. J. Sender con su dedicatoria adjunta en su carta del 15 de abril de 1966.

12. — A Ramón J. Sender

6 de mayo [de] 1966

Querido y admiradísimo amigo Sender: ¡Gracias!

Tengo su carta, desde hace unos días, aquí, en mi mesa. Y es que deseaba decirle a usted que si va a Pau este verano yo iré también. Sin embargo no puedo hacerle la promesa segura. No puedo comprometerle a que venga a Europa y luego fallar. Yo creo que si usted va, haré lo posible por ir. Pero no sé, por mucho que lo desee, si será factible esto.

Mi verano se presenta complicado. Después de unos meses en que no he trabajado nada absolutamente —a la manera española— me encuentro con tantas cosas por hacer que da susto. Estoy escribiendo a toda prisa —¡después de cuatro meses!— las crónicas del viaje a América. Luego he aceptado un trabajo fácil y bien pagado de unos reportajes sobre el trabajo de la mujer médico en distintos lugares de España. Esto me obligará a moverme un poco por pueblos y ciudades de aquí. Y con el resultado económico de todo esto cuento para el alquiler de un chalet en una playa de Alicante, y para recibir a la familia americana de mi hija mayor, Marta. Estoy encantada de que venga esa familia, pero será un tiempo de verano que tendré que dedicarles —con mucho gusto— pero un tiempo... De pronto, después de haber perdido tantos meses, resulta que el tiempo se me escapa. Manolo tendrá un mes de vacaciones, pero no sabemos cuándo. Está aburrido del periodismo —dice— y cosas así. Nuestra tierra está odiosa... Pero hay que verla. ¿Cuándo se dedicará usted a ver las montañas del Pirineo desde este lado?

Todas estas cosas que le cuento un poco deslavazadas son para explicarle por qué no puedo hacerle una promesa fija y seria de un viaje. Los viajes, las distancias, desde España son muy largas; parecen grandes cosas llenas de inconvenientes. Algo absurdo. El tiempo es también como una cosa a saltos —unas veces da para muchísimo, otras se va sin sentir— y todo es una confusión...

Claro que quiero verle y hablar con usted de todo. Conocerle a usted era una de las cosas —quizá la más concreta— que me ilusionaba en el viaje a Estados Unidos. Y ha sido algo estupendo, y es una amistad que es y se continuará, yo creo, siempre.

Lo que me dice de *La Mujer Nueva* me ha dejado perpleja. Yo no la creo mi mejor libro —no creo que yo tenga ningún «mejor» libro— puede ser que lo haya creído así en algún momento —al terminarla de escribir por ejemplo—. Era un libro muy difícil de hacer, pero artísticamente yo creo que le falta perspectiva. Lo que me llega al alma es que usted me lea así, con ese cuidado, con ese interés. ¿Cómo podré agradecérselo? Usted es el gran novelista español de nuestro tiempo, tan conocido y tan desconocido para muchos aquí. Ahora usted llenará ese vacío que había en nuestra novela para los jóvenes. ¡Ojalá llegue pronto el momento en que se pueda escribir una buena historia de la literatura, completa y sin separaciones, y con verdadera escala de valores para contarla! En mí, yo no creo mucho. Pero cuando usted me anima, siento que tengo algo que hacer dentro de mi modestia... ¡Si viera qué cosa extraña, qué descubrimiento fue leer la *Crónica del Alba* en los trenes de Estados Unidos, y darme cuenta de las raíces de toda una novelística española en ese libro! Es claro que yo, dentro de mis límites, nunca intenté escribir a la manera de nadie. Ni siquiera me planteé el problema de escribir desde lo femenino. Si usted ve que yo hago las cosas desde un ángulo de mujer —y eso me halaga— al menos yo siento que he escrito con sinceridad, puesto que soy mujer y desde este ángulo tengo que verlo. De todas estas cosas, de otras más importantes, de otras menos importantes me gustaría hablar con usted. Pero no puedo prometerle algo tan sencillo como sería ir a Pau este verano. ¡Usted ve qué cosa rara, y como en el aire, es la vida aquí!

Bueno, esta carta me parece que va saliendo como un puro disparate. Empiezo una idea: la de las raíces novelísticas que usted comenzó y que al leer su obra (¡con más de veinte años de atraso!) sentí que era el eslabón para la mía y para la de otros mejores, una especie de piedra angular en nuestra literatura... Empiezo esa idea y salto a otra y así no hay manera de entenderse. Usted tendrá que leer esta carta en un rato de descanso, muy descansado, para poder comprender que todo lo que encierra es al fin y al cabo mi admiración por usted, mi afecto de amistad, y mi gratitud por el interés que me dedica.

No se asombre usted de las malas interpretaciones españolas sobre la obra, las intenciones y hasta la vida de uno. Usted se ha olvidado que vivimos siempre en los pequeños reinos de las Taifas, y que una persona que no está declaradamente en ninguno de estos reinos belicosos, a la fuerza se la considera como enemiga de todos. O tonta, o malvada, o lo que sea. Yo no soy luchadora. Como tampoco soy trabajadora, resulta que otros trabajan por mí interpretándome. Yo estoy curada de espantos y no me causa ninguna impresión nada de esto.

Aparte de lo de Pau —que a lo mejor logramos—, cuando usted venga a España me gustará que conozca a mi familia. Mi marido es un hombre inteligente, muy introvertido —su sordera contribuye a ello— y como periodista, con gran memoria. Ha leído y lee mucho y creo que le interesaría hablar con él. No es hombre de lucha y está cansado de la lucha de aquí, pero también le cansa intentar salir fuera de aquí, como tantas veces me hubiera gustado a mí. Mis hijos, sin excepción, son encantadores, cada uno en su estilo, por ahora.

Pero lo mejor de mi casa son las sirvientas: Eugenia y Julia, madre e hija, de Ávila. No sé si Julia llegará a casarse con un novio que tiene desde su infancia, en Ávila —y pasa ya bastante de los treinta años— si lo hace y no le sale bien, el novio hará desgraciadas a tres mujeres: a Julia, a su madre y a mí.[14] Esta mujer es una especie de tesoro en nuestra vida. Es el amor de mis hijos, es mi tranquilidad cuando me voy de la casa, es algo que yo creo que sólo se encuentra entre la gente del pueblo en nuestra tierra: una inteligencia natural, una sobriedad, una alegría de las cosas sencillas: los niños, la casa, el campo; un respeto al mismo tiempo que conmueve. No es ya muy frecuente encontrar este tipo de personas nuestras, pero se encuentran. A través de ella mis niños —sobre todo los dos varones— han aprendido la felicidad de los amigos del pueblo. Van a su casa de Ávila y juegan con todos los chicos de la barriada y los quieren. Y por las sirvientas tenemos una larga familia de primos y tíos y sobrinos y de historias tradicionales que a usted —que tan genialmente ha recogido su alma de Aragón y tantas cosas de tantos lugares— estoy segura de que le encantarían.

Bueno. Esta carta —en compensación a los días de silencio— se ha hecho tan larga que ni sé cómo la pueda aguantar con tantas necedades. Dígale a Dorothy que no la olvido y que aún no recibí el libro que pedí de ella. Que por favor me vuelva a indicar su nota, porque lo voy a pedir directamente a Argentina y creo que será mejor. Dele un fuerte abrazo de mi parte. A usted le envío el cariño y la admiración de todos los de esta casa. ¡Y especialmente el mío!

Carmen

14. Julia sí se casó con su novio y formó su propia familia. Trabajó y sirvió durante toda su vida en la casa de la familia Cerezales-Laforet; conserva una colección de los artículos de la autora. Todavía tiene relación y se comunica con toda la familia, y afirma que, de ser posible, volvería a trabajar para C. Laforet y su hogar.

13. — A Carmen Laforet

Country Club Apartments
3427 McClintock Avenue, #10
Los Angeles, California 90007

27 [de] mayo [de] 1966

Querida Carmen,

Dentro de unos días (el 1 de junio) escribiré sobre usted con el pretexto de su edición americana de *Nada*, que no está mal pero podría estar mejor. Hay un aire de amateurismo en la edición. Menos mal que el traductor está tan entusiasmado como el libro merece, aunque, como digo, podría ser a veces un poco más sutil. Bueno, a mí me gusta tanto ese libro que cualquier traducción me parecerá siempre imperfecta.

Lo bueno de usted, es que escribe como mujer mejor que nosotros (mucho mejor) cuando escribe sobre mujeres, y con una bondad de madre o de hermana o de novia cuando habla de hombres. Es encantador, eso. Y como le dije es la primera mujer que escribe sin tratar de imitarnos ni de disfrazarse de «gran hombre», que es lo que suelen hacer por ahí (Simone de Beauvoir y otros excesos). Y algunos capítulos de su *Mujer nueva* son tan finos de matices y tan seguros como los de Stendhal o, mejor aún, los de Turgueniev. Lo que dice de la debilidad de «perspectiva» no debe preocuparle. Ve usted las cosas así —una realidad fluida y en movimiento constante—, y es su manera y está bien. Cuando se detiene un poco en un carácter o en una situación, hace maravillas.

Comprendo que no se decida así de pronto a ir a Pau. Mucho me gustaría que vinieran ustedes —usted, su esposo y alguno de sus hijos o sus preciosas niñas—. Pero si yo voy, puede estar segura de que no habrá la menor implicación directa ni indirecta de orden político, y que incluso no diré a mis innumerables parientes que estoy allí, para que no vengan, como pasó la última vez (hace dos años). Aquello parecía una peregrinación a la Meca (yo, los restos de Mahoma, claro). No. Si ustedes van, sólo diré que voy a algún amigo de París que anda en literaturas, y que probablemente esperará a verme cuando vaya yo a París.

Yo no hago política de ninguna clase. No pienso hacerla ni en realidad la he hecho nunca (digo, de partidos). Pero, claro, el nombre de cada escritor va unido a alguna clase de tendencia. La mía es sólo un deseo de libertad como la que tenemos aquí. Es decir, la posibilidad de leer, escribir y publicar lo que uno cree que está bien. Así puede un país conocerse a sí mismo, y poner en orden y en acción todos los recursos de su pueblo. Pero política, no. Ni ahora ni —creo— nunca. Uno va siendo viejo, además, para esos trotes.

Le diré lo que hago —en eso del viaje—. Por el momento debo seguir aquí leyendo algunas tesis de futuros doctores sobre doctísimos temas que exceden por todas partes mis conocimientos. Trato de ayudarles, por lo menos, en materias de expresión literaria, y ellos confían tanto en mí que si no los ayudo se suicidarían, lo que sería un poco triste para sus familias.

Muy cordialmente, con mis mejores deseos para todos ustedes,

RAMÓN J. SENDER

14. — A Ramón J. Sender

Madrid, 18 de junio [de] 1966

Queridísimo y admiradísimo amigo: ¡Hace tanto tiempo que tengo que escribirle! He pensado tantas veces en usted este tiempo sin sentarme a ponerle estas letras, que ni lo creerá. Siento una gratitud enorme y una alegría llena de orgullo por sus cartas. Hoy me telefonean desde Barcelona para hablarme de un artículo suyo sobre mi visita a Los Ángeles... He dejado a un lado lo que estaba terminando —un reportaje sobre mujeres médicos— y he comenzado a escribir.

Querido amigo, la política me importa un rábano (directamente, se entiende). No me daría miedo alguno visitarle a usted aunque llevase los bolsillos llenos de bombas, aunque pensase usted como un hitleriano —por decir lo que más horror me da y a usted me imagino que también—. Si yo no pudiese ir a Pau es por otras razones.

Tengo una vida completamente desorganizada. Improvisada casi al día. Comencé —muy tarde, después de mi acomodo a la vida familiar— las crónicas de América que me pagarán muy bien, que son muy largas... y tuve que interrumpir el trabajo por otro compromiso adquirido: un reportaje a algunas mujeres médicos en zonas rurales, universitarias y en capitales. Hice un viaje por Valladolid, Zamora, Santiago, Coruña, Rivadeo, Oviedo, León... y otro a Valencia. Me interesó enormemente en un sentido humano y como novelista. Económicamente es un desastre por la «pérdida» de tiempo y la interrupción del otro trabajo y mi poca capacidad de trabajo precisamente... Y de todas estas confusiones vienen mis inseguridades sobre lo que puedo o no puedo hacer este verano. Económicamente mi trabajo es necesario para la vida que hemos montado de estudios a los hijos, casa de verano y ahora el recibimiento a la familia americana que tuvo a mi hija un año...

Dentro de unos días envío a cuatro hijos a Alicante con la muchacha. Me quedo en Madrid trabajando. Los americanos llegan el día 6 y hay que recibirles y pasearles un poco por aquí, y trabajar y llevarles luego a Alicante, y continuarles el viaje por España que quieran hacer. Y entregar y cobrar lo que yo haga porque con ello contamos, y si no vamos a tener que pedir limosna o cosa así... Antes de terminar las crónicas de América no puedo pensar en hacer nada de mí, y había la posibilidad de ir a Polonia también este verano y también con crónicas —en compañía de una amiga que salió de allí el año 39— la amiga a quien dediqué *Nada.*[15]

Mi deseo de verle es muy grande. Mi amistad, mi admiración, mi gratitud por usted yo creo que no los sabe, porque no se los he demostrado aún, pero son muy ciertos. Tanto mi marido como mis hijos estarían encantadísimos de acompañarme en una visita así. Y sería muy buena. Muy provechosa. Estupenda visita. Pero yo no sé si puedo. Dígame si va a Pau en qué fecha será. Yo haré todo lo posible.

Yo tengo la esperanza además de que usted venga pronto aquí. De que nos veamos entre estas calles sucias, llenas de tráfico, horrorosas del Madrid de ahora, y de que hagamos una visita a Aragón...

Yo estoy segura de que nos veremos muy pronto. Ten-

15. Laforet señala un nuevo viaje que en realidad se planifica para el próximo año, esta vez a Polonia y en compañía de su amiga Linka Babeka —a quien dedicó su novela *Nada*—, tal como consta en sus crónicas publicadas en *La Actualidad Española* de noviembre a diciembre de 1967.

go mucho que decirle y mucho más que escucharle. Lo que pasa es que no puedo decir iré como quisiera, en esa fecha.

Con todo el cariño y la admiración de los míos, la admiración y el cariño y la amistad de

CARMEN

¡Un abrazo a Dorothy!

15. — A Carmen Laforet

23 [de] junio [de] 1966

Querida Carmen,

Había puesto este artículo en un sobre (ya cerrado) y vuelvo a abrirlo después de llegar (hoy mismo) su carta. Comprendo lo que me dice. Tener cinco hijos como los suyos es un lujo, y naturalmente hay que pagarlo.

De todos modos, si voy a Pau le avisaré. Debo ir, porque me he citado allí con una amiga suiza intrépida montañera (escaladora de montañas, de esas que quedan a veces colgadas de una peña girando en el vacío atadas por la cintura) que quiere ir a Pau, no tanto por verme a mí como por subir al Pic du Midi d'Ossau. A pesar de la cita, no sé si iré aún. No es prudente competir con una cordillera, y menos con los Pirineos. Además, uno va siendo viejo y escéptico.

Pero si fuera usted con su familia (sobre todo la grey juvenil), supongo que se divertirían mucho subiendo también a ese pico (en este caso sin cuerda ni piqueta porque hay un «telepheric» que hicieron los alemanes como reparación de guerra). Ir allí es como subir a la luna o a Júpiter. Una experiencia única de veras.

Ya digo que les avisaré.

Un abrazo a su marido y otro a usted, con mi cariño también para sus hijos,

Ramón

[Manuscrito:] Dorothy le envía también un cordial abrazo.

Por si acaso, hay un tren directo de Madrid a Pau, a través de Zaragoza, Jaca, Oloron (antes, Canfranc). Excuso decir que los Pirineos —aun sin subir al Pic du Midi— son un grandioso espectáculo durante las últimas tres horas desde el tren.

16. – A Ramón J. Sender

25 de julio [de] 1966

Queridísimo amigo: Estoy en Madrid —hacía años que no estaba aquí en estas fechas del verano—; estoy trabajando en reportajes que deseo terminar y entregar y olvidar para escribir otras cosas. Y estoy acordándome de usted continuamente. Por esta razón no le pido disculpas que debería pedirle por no haberle escrito. En realidad, mentalmente le he escrito muchas veces. Su maravilloso artículo me lo enviaron distintos amigos, y a mí me emocionó. Porque es cierto eso del camino de perfección que yo no intenté en cada libro pero que intenté a lo largo de años, con muy mal resultado.

He vuelto a repasar —y pienso leer de nuevo de cabo a cabo en unos días de vacaciones— la *Crónica del alba.* Para mí es el libro —novela— más importante de nuestra literatura en el último cuarto de siglo. Es una delicia, es algo terriblemente vivo y poético, es la verdadera raíz de lo mejor que tenemos en este país nuestro. Como no escribo artículos ni nada que valga la pena, ocupada en ayudar a mi marido a solucionar nuestros problemas económicos de cada día, no he escrito lo que quiero. Pero si voy a Salamanca unos días —como me han pedido— y tengo que hablar de «mi» literatura voy a hablar de la *Crónica del alba* como una base literaria que, aunque yo no leí cuando debí leerla, estaba para darnos vida a todos e influía, como influye *El Quijote* aun en los que no lo conocen. Yo creo que esas obras fundamentales tienen una vida propia y aparte de todo, y forman el espíritu de un país. Creo un poco en la «comunión literaria» como en la «comunión de los santos», una riqueza que uno tiene aun sin mérito propio alguno.

Su deliciosa carta sobre lo que pensaba hacer en Pau y su compañera de viaje la sé casi de memoria. Este verano está completamente dislocado por eso del trabajo urgente mío y por las huéspedes americanas que llegaron, que se fueron unos días en «tour» por Extremadura y Andalucía, que vuelven y a quienes creo acompañaré a Alicante a la casa que tenemos alquilada allí y donde están los niños con Julia, junto al mar... Esos son los días de vacaciones de que le hablaba. No van a ser muy quietos, pero mis hijas son las que saben inglés para hablar con las huéspedes, y yo pienso hacer algunas excursiones solitarias con la *Crónica* bajo el brazo y preparar así ese discurso salmantino tan raro que voy a hacer.

Querido Sender, venga usted a España sin esperar a que muera ese hombre. España es horrenda, pero es muy nuestra, la verdad. ¿Sabe usted que a pesar de lo que me gusta el campo me gusta estar en Madrid en estos días de verano? Madrid se ha vuelto monstruoso, pero en esta época recuerda algo al de hace veinte años: está más vacío, más puro, y en las mañanas, cuando salgo de paseo a desentumecerme un poco, es un Madrid de cielo azul, lleno de chillidos de golondrinas y con ráfagas de la sierra, de repente, en el asfalto.

Cuando sube el día, el calor se hace pesado. Entra la pereza española en todo su apogeo —y es una pereza que siempre le acecha a uno en esta tierra: aunque llueva—, por eso esta mañana me he sentado en la terraza de un café —el café todo soñoliento, con todas las mesas recogidas aún, aunque son casi las nueve— para escribirle, no con la cabeza solamente, sino con pluma y papel, para que mis palabras, mi afecto y mi gratitud le lleguen de verdad. Tengo toda la correspondencia abandonada. Eso no puede ser. Y menos puede ser que yo no le escriba. Guardo todas sus cartas —no guardo cartas de nadie, excepto las suyas— como un regalo inmerecido.

A Dorothy un abrazo. A nuestro amigo el cónsul mi recuerdo — él también me escribió sobre usted — ¡y que en uno de mis arranques de energía le envío el libro! — para usted esta amistad, este cariño, esta admiración incondicional y esta gratitud que le tengo. (¡Y con ella la admiración de toda mi familia y el afecto y el deseo de verle!)

CARMEN

17. — A Carmen Laforet

28 [de] agosto [de] 1966

Querida Carmen,

He andado por México y al volver encuentro su carta encantadora. Veo que trabaja mucho (trabajos de hormiguita o de ave proveedora que ayuda al padre a buscar semillas y gusanitos para la prole. ¡Y qué prole más bonita!) Yo al final he renunciado a ir a Francia. La amiga suiza de la que le hablé me envía postales de St. Maurice ('St. Moritz' creo que dicen allí) con picos nevados, y señala con picaduras de alfiler los caminos de sus tremendos escalamientos, que luego al trasluz se ven muy bien. Todo eso para adelgazar (!!!). Yo le dije en una carta: ¡cuidado con los guías! Y ella me respondió: «No, don Ramón. Tú sabes que yo nunca mezclo el amor con el alpinismo. Yo tomo las montañas muy en serio». No toma en serio el amor, sino las montañas. Eso tiene gracia, sobre todo en una muchacha.

Le enviarán algunos libros míos que están saliendo en España. La verdad es que me interesan cada día menos las ediciones en otros idiomas, pero tengo mucha ilusión con las que hacen ahora en España; tanta ilusión casi como cuando era joven. Pocos españoles «de dentro» a mi edad tendrán un amor por su tierra tan fresco y juvenil como el mío. Algo bueno tiene que tener el destierro. Además, la sombra de censura (lo que sobrevive de la censura) se porta generosamente conmigo, como verá con la segunda parte de *Crónica del Alba.* La tercera y última saldrá (espero) antes de Navidad.

Temo que anda usted buscando el lado perezoso del oficio (crónicas, conferencias, etc.). No le escurra el bulto a la novela, porque ahí es donde hace usted maravillas. Claro es que cuesta trabajo, pero es importante para todos, especialmente para los lectores que esperamos libros nuevos de usted. Supongo que no le faltarán a usted excusas. Tolstoi en los últimos 15 años de su vida sólo escribía sermones (ensayos sobre filosofía moral) y decía: «¿Novela? ¿Arte? ¡Bah! ¡Frivolidad y tontería!». Lo que le pasaba era que una novela le costaba diez veces más trabajo que un ensayo, pero lo que ha quedado es *Ana Karenina, La Guerra y la Paz,* etc.

Los libros míos que va a recibir ahora son horribles desde el punto de vista del buen vivir convencional. Pero ya sé que a usted no le importa, y que en última instancia la intención sola de hacer algo hermoso puede ser ya respetable. Yo digo que se los envíen para obligarla a usted a mandarme los suyos. No lo olvide. Es usted la única relación que cultivo con colegas de ahí. Conocí a Cela, y aunque no tengo nada contra él y lo estimo, hemos dejado enfriarse la relación. Tal vez si voy por ahí nos buscaremos, porque tenemos amigos comunes (como Robert Graves, que me escribe a menudo) y él me ha pedido muchas veces cosas para su revista. Pero hay algo de diferencia de temperamento. Tal vez la edad, aunque él tampoco es muy joven.

Me dicen que va a haber ahí alguna clase de novedad política inmediata. Espero que sea para bien y sin violencia. Desde 1939 no creo en la violencia como solución. ¿Quién cree hoy ya en eso?

Muy cordialmente, con abrazos para todos ustedes,

RAMÓN J. SENDER

18. — A Carmen Laforet

26 [de] sep[tiem]bre [de] 1966

Querida Carmen,

Gracias por su carta. En estos días recibirá la 2ª parte de *Crónica del Alba.* No se sienta obligada a leerla (es menos buena que la primera, o más mala). Y no la deje leer a sus chicos. Aunque quién sabe. Las prohibiciones de nuestros padres no nos hicieron a nosotros (a mí al menos) ningún bien.

Me encanta que mi libraco sobre México (con x) le haya gustado.[16] Uno hace también lo que puede, bueno o malo —o peor— y lo publica. Y así no vuelve uno a pensar en cosas que le obsesionaban. Por eso escribo. Veo que el caso de usted es el mismo, aunque por ser una criatura mejor organizada y más armoniosa no se deja obsesionar, sino que espera que una atmósfera y un problema y un asunto «cuajen» dentro de usted, y entonces «se enamora», como dice, de ellos y los escribe. Ojalá «se enamore» con frecuencia. Sus novelas son estupendas. Las mías son irregulares, con altibajos y a veces sin pies ni cabeza, aunque —claro— yo me entiendo, o creo que me entiendo.

Mucho le agradezco su carta.

Dorothy le envía su cariño.

16. Puede que el autor se refiera a *Jubileo en el Zócalo* (1964) y enfatiza la ortografía correcta de «México» con *x* en lugar de *j*.

Yo iría, pero mientras no haya algún cambio mínimo de forma que justifique mi decisión (digo, en las cosas interiores de España), no iré. Decepcionaría a mucha gente sencilla que en el exilio mira lo que uno hace y lo interpreta de un modo excesivo. Por otra parte, la verdad, estar ahí representa (para mí) aceptar cosas del pasado que uno rechaza radicalmente. No creo de ningún modo que haya que tomar represalias ni venganzas, pero sí mantener el decoro de una persona herida injustamente y gravemente. (Probablemente usted sabe lo que sucedió en mi familia.) Por ahora no puedo ir. Pero estoy seguro de que las condiciones están cambiando, y entonces iré. A pasear por el Retiro y ver a mis viejos amigos, si queda alguno, y pensar desde ahí en lo buena que es América, lo mismo que desde aquí pienso en lo maravillosa que es España.

Escriba sus novelas grandes (y cortas), porque no hay nadie que lo haga tan bien.

Cordialísimamente,

RAMÓN

¡Qué bien, que su niña 2ª viene a este lado del mar![17] Lástima que no venga a California. La cuidaríamos y atenderíamos. Pero Washington es también hermoso, y parece que va a estar en buena compañía. Si puedo hacer algo por ella, dígamelo.

17. Sender habla en esta ocasión de Cristina Cerezales Laforet.

19. — A Carmen Laforet

4 [de] nov[iembre] [de] 1966

Querida Carmen Laforet,

Leo sus artículos en *Actualidad.* El último, en Kansas. He visto que me ha aludido algunas veces con amistad y se lo agradezco de veras. Cuando escriba sobre Los Ángeles, circulará su artículo por muchas manos, y despertará recuerdos y simpatías y admiraciones en muchos estudiantes que la vieron y oyeron aquí.

¿Y su trilogía? Todos esperamos que se siente a trabajar de veras y escriba los otros dos volúmenes. Usted tiene un talento espléndido y su talento es nuestro también. Así que manos a la obra. Los reportajes están muy bien, pero las novelas están mejor. Y puesto que confiesa que el periodismo le aburre...

Pienso mucho en usted (sus libros a mi alcance, siempre) y quiero que usted y los suyos sean muy felices.

Hoy, nada más (no tengo tiempo), pero no quería que pasara otro día sin darle las gracias por sus alusiones generosas y por el envío de la revista (que hace la editorial). Espero los próximos números con el interés con que siempre espero leerla, periodismo o novela.

Mi cariño a todos ustedes,

Ramón J. Sender

20. — A Carmen Laforet

8 [de] no[viem]bre [de] 1966

Muy querida Carmen,

Ayer le escribí unas líneas las eché al correo y más tarde recibí su carta en relación con esa editorial del Magisterio, etc.[18] No se preocupe. Está muy bien que diera mi dirección. Todo lo que haga usted en relación conmigo será siempre perfecto, porque cuando una persona tiene tanto talento literario como Carmen Laforet no hay que temer. Sólo los tontos nos hacen daño.

Los editores me habían escrito ya, y yo les contesté accediendo a parte de lo que pedían. Pedían los derechos de cinco o seis cosas, y diciendo que harían una edición primera de 15.000 y me pagarían el diez por cien de la venta. Los libros pequeños los venderían a 30 pesetas y los grandes, según, hasta cien. Yo les dije que les cedía dos de los libros, uno corto y otro largo (no se han publicado aún en España), con la condición de que abonen al firmar el contrato la liquidación entera del diez por cien de esos 15.000 ejemplares, que en el libro pequeño sería 45.000 pesetas y en el grande alrededor (supongo) de 80.000. Le digo todo esto ya que ha sido tan amable que se ha molestado en darme tantas explicacio-

18. Sender habla de la editorial Magisterio Español en la que trabajaba Manuel Cerezales como director de la colección Novelas y Cuentos.

nes. Si aceptan, se lo diré, por si le conviene hacer algo con ellos.

Como verá (por la nota anterior), he visto algunos de sus reportajes. Están muy bien, pero he releído estos días algunas de sus novelas y cuentos, y, claro, a su lado palidecen. En un seminario, leímos ayer su cuentecito *La Muerta* y algunas chicas tenían lágrimas en los ojos. A mí me conmueve también un poco ver la ternura con que trata usted siempre a los hombres. La verdad es que creo que lo merecemos y, que en nuestras debilidades y equivocaciones puede haber una gota de divinidad, que usted ve muy bien. La humanidad es más desgraciada que mala, realmente. Y mire usted que nos han hecho daño, ¿verdad? Pero casi siempre es sin querer, y cuando quieren es por alguna clase de malentendido en el que uno mismo tiene alguna culpa.

Ya que están embarcados —usted y su niña preciosa— en *Crónica del Alba*, tendrán que leer el volumen III que está en la imprenta, y que supongo que no tardará en salir. El II queda un poco en el aire y por eso escribí el tercero. Lo que me dice usted de los dos volúmenes que faltan a su trilogía lo comprendo muy bien, y estoy seguro de que los tres juntos serán algo de veras espléndido. La admiro más cada día. Le decía el otro día a José Luis Cano, con quien estuve comiendo (anda por aquí durante un par de meses), que es usted la cosa más seria que tenemos, y él parecía estar de acuerdo.[19] Los dos lamentamos que publique usted poco. Pero es usted muy joven, y cuando sus niños comiencen a volar solitos (al menos cuando sus niñas se casen), le quedará tiempo y atención «extra» para entregarse de lleno a su maravillosa tarea. Dice que a veces le decepciona alguna de sus obras. Bien, siga usted decepcionándose y déjenos el entusiasmo a nosotros.

Gracias por su interés amistoso. No se preocupe, que no haría uso indiscreto nunca de sus confidencias en materia de política editorial, etc. Comprendo lo que dice de la posi-

19. Director por entonces de la revista *Ínsula*.

ción de su esposo. Tiempos atrás (en los del vandalismo ya superado) tal vez uno de nosotros (él o yo) habría fusilado al otro, aunque yo no fusilé a nadie, y seguramente él era demasiado joven para dejarse llevar por aquella corriente de exterminio. En todo caso, tal vez la guerra sirvió para enseñarnos por fin a los españoles a dialogar y a tolerarnos. Yo soy lo que fui siempre: un anarquista, es decir un enamorado de la libertad (no hay que olvidar que la libertad, el amor y Dios son una misma cosa, incluso para los viejos teólogos).

Mi cariño para usted y para los suyos,

RAMÓN

21. — A Carmen Laforet

Country Club Apartments
3427 McClintock Avenue, #10
Los Angeles, California 90007

23 [de] no[viem]bre [de] 1966

Querida Carmen,

Hoy he recibido un recorte de *Actualidad*, que me envía un amigo, con lo que dice usted de mí. Muchas gracias. ¡Es usted tan generosa! Es verdad que también yo tuve la impresión de estar con una persona conocida y querida mucho antes por mí. Lo que dice usted de *Crónica del Alba* ¡es tan enormemente excesivo y generoso! En la literatura (al revés que en las finanzas) sólo son generosos los ricos. Usted, que tiene tanto talento, lo atribuye fácilmente a sus amigos.

Mil, mil gracias.

Esa gente rara del Magisterio Español aceptan mis términos para una edición de bolsillo de dos libros míos. (15.000 ejemplares la primera edición, pagando el diez por cien de toda ella anticipado). Yo he contestado que sí, poniendo por condición reservarme los derechos para obras completas, y que no cambien ni supriman una sola palabra. Tal vez esto último les haga dar marcha atrás. No sé. Creo que es bueno que lo sepa usted, por si le interesa alguna edición de ésas.

Veo que todo va tomando ahí un camino nuevo (lo viejo puede ser nuevo, todo se da en ciclos, según vemos). Quizá iré por ahí para la primavera si el césar(ito) ya no manda como parece que va a suceder. Entonces será muy dulce conocer a sus hijos, y muy agradable estrechar la mano de su esposo.

Si su niña viene a USA, dele mi dirección y mi teléfono, por si puedo ayudarle en algún problema inesperado (nunca se sabe). Podría llamarme «collect», es decir, sin pagar desde cualquier parte del país, si fuera necesario. Supongo que ustedes, gente joven, tienen todas las cosas previstas, pero para los viejos como yo es agradable recordar cuando viajábamos lejos de casa y podíamos contar incondicionalmente con alguien. En fin, que sepa que tiene un amigo verdadero aquí.

Gracias otra vez. ¡Qué prosa tan tibiamente amistosa (tan cordial) escribe usted cuando habla de sus amigos! Tiene esa prosa el calorcito de los nidos de los pájaros. Pero usted no ha sido chico sino chica, y tal vez no andaba en esas forestales aventuras de cazadora de nidos. Su imaginación en cambio es más rica que la mía, y puede figurárselo mejor que lo sentía yo en mis manos.

Reciban ustedes una vez más el cariño de su buen amigo,

RAMÓN

[Manuscrito:] El teléfono es 733-2236 (Area code 213)

Tengo la impresión de que esos editores del Magisterio tienen, en relación con mis libros, un interés no literario. Me proponían también publicar una colección de novelas cortas titulada *Novelas Ejemplares de Cibola* pero suprimiendo dos de ellas porque hay en ellas —eso no lo dicen— cosas un poco anticlericales (no antirreligiosas, en absoluto). Yo les he dicho que no. Ese tipo de censura que eliminando una parte de la realidad da la impresión de que quiere enmendarle la plana a Dios, autor de la naturaleza, es difícil de tolerar, sobre todo después de 25 años viviendo en países de libertad religiosa. Aquí yo puedo ser católico y confesar y comulgar. En la España de mi juventud era difícil. ¡Tanta obstinación en el no entender o en entender la cosas al revés!

Los curas y monjas que pasan por mis clases (algunos han hecho el doctorado conmigo) dicen siempre que no pueden comprender cómo la Iglesia española prefiere seguir integrada en el estado, política y administrativamente. Es verdad que tiene que elegir esa Iglesia entre la popularidad (el amor del pueblo) o el poder, es decir, el gusto (que no entendemos) de compartir la autoridad de la policía. Pero supongo que le aburro con estas cosas, ya que usted las ha pensado muchas veces y las ha entendido mejor que yo.

S.

22. — A RAMÓN J. SENDER

Madrid, 26 de diciembre [de] 1966

Querido amigo: Llegó su carta del 17 tan estupenda como todas las suyas y tan llena de humor y de cosas entrañables.

Yo no he hecho más que perder el tiempo este mes de diciembre y sigo pensando en el gran problema español: organizarme para escribir.

La editorial que va a publicar esas novelas suyas, me ha pedido un prólogo para ellas. Lo voy a hacer, aunque me da miedo. Será muy breve, como un artículo, y me atrevo a pedirle algunos datos biográficos —los que usted quiera, para no poner ni más ni menos de eso de la biografía. No quiero equivocarme diciendo que nació en un lugar y resulta que es en otro o que pasó la infancia aquí y es allí, etc., etc.[20]

Las cosas que me cuenta de la monja anciana son maravillosas. Se parecen a las opiniones sobre la vida y los sucesos de la más vieja de mis sirvientas, Eugenia, que estas Navidades nos ha explicado que el señor Obispo de Ávila está «consumidito» y cada año se consume más. El bajón lo da, precisamente, el día 24 de diciembre, en la Noche, pues ocurre que el palacio episcopal da a las murallas, y el señor Obispo oye cánticos y se asoma a escuchar. ¡Y en vez de villancicos oye canciones profanas por las calles al compás de las

20. Éste será el prólogo de la edición de *La aventura equinoccial de Lope de Aguirre*, Magisterio, Madrid, 1967, págs. 8-14. Véase apéndice 2.

Madrid 26 de Diciembre 1966

Querido amigo. Llegó su carta del 17 tan estupenda como todas las suyas y tan llena de humor y de cosas entrañables
Yo no he hecho mas que perder el tiempo este mes de Diciembre y sigo pensando en el gran problema español: organizarme para escribir
La editorial que va a publicar esas novelas suyas, me ha pedido un prologo para ellas. Lo voy a hacer aunque me da miedo. Sera muy breve, como un articulo, y me atrevo a pedirle algunos datos biograficos- los que usted quiera para no poner ni mas ni menos de eso de la biografía.- No quiero equivocarme diciendo que nació en un lugar y resulta que es en otro o que pasó la infancia aquí y es allí etc etc .
Las cosas que me cuenta de la monja anciana son maravillosas. Se parecen a las opiniones sobre la vida y los sucesos de la mas vieja de mis sirvientas, Eugenia, que estas Navidades nos ha explicado que el señor Obispo de Avila esta "consumidito" y cada año se consume más. el bajon lo dá, precisamente, el dia 24 de Diciembre, en la Noche, pues ocurre que el palacio episcopal dá a las murallas, y el señor Obispo oye cànticos y se asoma a escuchar. Y en vez de villancicos oye canciones profanas por las calles al compás de las zambombas!. El sufrimiento que esto le produce es indecible: por eso dá su bajon anual
Voy a escribir a la doctora Menendez viejo. No sé cuando marchará. Creo que pronto. Ella no es amiga mía, si no una persona que conocí en un viaje y que me pareció valiosa humana y profesionalmente y que contaba cosas con gracia y con inteligencia. No se si llegara a los Angeles antes de que trasladen a los Toda - me acaban de escri-bir comunicandome su nuevo nombramiento de agregado cultural en Londres- Yo le dare a la doctora Menendez su direccion para que ella le escriba. Para ella será estupendo y creo que seguramente usted pasara un buen rato escuchando noticias humanas de aquí.
Las Cronicas de America me las van a editar en libro y se las mandaré para que no le falte Los Angeles ni nada, aunque no tengan la menor importancia. La importancia de ese viaje fué solo particular, algo que me vino muy bien y lo mas importante quizá haber conocido a usted y seguir esta amistad tan estupenda y de la que me siento tan orgullosa
Por favor, deme usted esos datos biograficos, o dígame que no ponga dato alguno en el prólogo si lo prefiere.
De lo que hablabamos de aquel señor, tomaduras de pelo etc, si que lo son, pero lo genial es que hay una masa totalmente aborregada que cree todo y ademas inventa lo que cree. Este tiempo nuestro de T V es terrible. Con tanta informacion como tenemos sobre todo resulta que no sabemos nada. Absolutamente nada de nada

Le envio mi afecto, el de mi familia, nuestro deseo de verle por aquí y de charlar. Hasta muy pronto

Carmen

zambombas! El sufrimiento que esto le produce es indecible: por eso le da su bajón anual.

Voy a escribir a la doctora Menéndez Viejo. No sé cuándo marchará. Creo que pronto. Ella no es amiga mía, sino una persona que conocí en un viaje y que me pareció valiosa, humana y profesionalmente, y que contaba cosas con gracia y con inteligencia. No sé si llegará a Los Ángeles antes de que trasladen a los Toda —me acaban de escribir comunicándome su nuevo nombramiento de agregado cultural en Londres—.[21] Yo le daré a la doctora Méndez su dirección para que ella le escriba. Para ella será estupendo, y creo que seguramente usted pasará un buen rato escuchando noticias humanas de aquí.

Las crónicas de América me las van a editar en libro, y se las mandaré para que no le falte Los Ángeles ni nada, aunque no tengan la menor importancia. La importancia de ese viaje fue sólo particular, algo que me vino muy bien, y, lo más importante quizá, haberle conocido a usted y seguir esta amistad tan estupenda y de la que me siento tan orgullosa.[22]

Por favor, deme usted los datos biográficos, o dígame que no ponga dato alguno en el prólogo si lo prefiere.

De lo que hablamos de aquel señor, tomaduras de pelo, etc., sí que lo son, pero lo genial es que hay una masa totalmente aborregada que cree todo y además inventa lo que cree. Este tiempo nuestro de TV es terrible. Con tanta información como tenemos sobre todo, resulta que no sabemos nada. Absolutamente nada de nada.

Le envío mi afecto, el de mi familia, nuestro deseo de verle por aquí y de charlar. Hasta muy pronto.

CARMEN

21. Al hablar de los Toda, según los identifica Laforet en *Paralelo 35*, se trata de María Teresa y Eduardo Toda; el cónsul de España en Los Ángeles para aquel entonces, quien con su señora tuvo atenciones con la autora durante su visita en esa ciudad.

22. El producto de esta publicación será *Paralelo 35* (1967).

P.S. Le dije que María Luisa Menéndez Viejo no es amiga mía, en el sentido de que no es una amiga de mucho tiempo (y sólo hablé con ella en mi vida un par de horas), pero me siento amiga suya por lo que sé de su vida y porque en aquel par de horas me fue profundamente simpática.

¡Ah! ¡Feliz Año Nuevo! Y un millón de gracias por lo que me dice respecto a mi hija Cristina. Siento que no esté más cerca de usted. Es una chiquilla simpática y creo que inteligente y buena.

23. — A Carmen Laforet

29 [de] dic[iembre] [de] 1966

Querida Carmen,

Sólo dos líneas para contestar la suya. Me sorprende que esos editores la molesten a usted pidiéndole ese prólogo. Claro es que me halaga que usted escriba algo de mí, ¡pero hace falta desfachatez! Bueno, no tienen sentido de la delicadeza. Por si le es útil, le diré que aceptaron mis términos (45.000 pesetas de adelanto por cada uno de los dos libros que van a publicar). Supongo que en España está bien. En todo caso se lo digo como información entre colegas.

Nací en Aragón en 1902, a los 10 años estaba en Tauste (Cinco Villas, Aragón también, donde pasa la acción del idilio con Valentina). Luego, Zaragoza, Madrid, Marruecos, Madrid otra vez (redactor de *El Sol*) hasta 1930, y luego la guerra y la emigración.

No vale la pena que diga nada más de mí (no tengo importancia), digo de mi vida. Aunque si dice que nací en Chalamera, bonito nido de águilas sobre el Segre y el Cinca, y que cuando tenía un año me llevaron a Alcolea de Cinca, los campesinos de Chalamera se alegrarán. Son buena gente y me estiman, y hace poco, según me dicen, ha habido en *Heraldo de Aragón* una polémica entre personas de un pueblo y del otro sobre si nací aquí o allá. Como con Homero. ¡Qué vergüenza, para Homero! (Pero, en el fondo, a mí no me disgusta que se tomen tanto interés.) Lo malo fue el nacer en un sitio o en otro. No porque la vida esté mal, sino porque mala o buena ninguno de nosotros hemos logrado justificarla ni merecerla. Ninguno de los hombres, salvo algún que otro santo, ¿verdad? Y de los que acabaron mal, digo en el martirio. Sobre todo los que fueron quemados, como Juana de Arco, por la misma iglesia. Los demás, cuando morimos, dejamos una tremenda cuenta sin pagar en contra nuestra. Al menos, creo que es mi caso. Usted, con una abundante y bonita familia de cinco hijos y tantos libros buenos, es otra cosa.

No crea que digo esas cosas por modestia. No soy modesto. Pero creo que la verdad es la verdad.

Hablé con Toda por teléfono y me dijo que no había venido aún la doctora Menéndez. Cuando venga, será agradable hablar de Asturias y de tantas otras cosas.

Comprendo que le falte tiempo para todo y que se sienta a veces «esparcida» en las pequeñas cosas de cada día, y un poco disuelta en ellas. Pero lo importante es el rincón donde escribe sus novelas.

Vi que le gustó el Grand Canyon. ¿No es maravilloso? Lástima que pasara por todos esos lugares tan deprisa.

Cordialmente, con saludos para todos ustedes,

RAMÓN

Veo que su Eugenia vale tanto como mi «madre Adela». ¡Qué bien que tenga usted en casa esas vecindades entrañables que ya nadie tiene por ahí (sobre todo por aquí) en el mundo moderno!

R.

24. — A Carmen Laforet[23]

Country Club Apartments
3427 McClintock Avenue, #10
Los Angeles, California 90007

8 [de] enero [de] 1967

Querida Carmen,

Gracias por tu carta. Contesto, como siempre, a vuelta de correo, porque me gusta, pero también porque si no ya no contesto nunca. Las cartas quedan entre los otros papeles, se marchitan (no las tuyas) y pierden la gracia de la urgencia. Es un poco incongruente eso, pero así es.

Gracias también por lo que me dices de esa revista que me pidió colaboración. En tu caso (crónicas de viaje) era natural que aceptaras, porque es un género que va muy bien con la revista. Te preguntaba sólo en el terrero técnico y profesional. Si «yo iba bien a ese tipo de publicación o ella me iba bien a mí». La empresa y su carácter no me importan gran cosa, ya que si publican lo que escribo como lo escribo, lo mismo me da el *Osservatore Romano*, que el *Pravda*, o el boletín de la diócesis.[24] Tú sabes. Veré si puntualizan más sobre

23. A pesar del uso familiar de «tú», por primera vez, por parte del autor, en la próxima carta, como veremos, volverá al uso de «usted».

24. Recuérdese que el *Osservatore Romano* es el órgano oficial del Vaticano y *Pravda* era el medio oficial del Partido Comunista de la Unión Soviética.

la clase de colaboración que quieren, y, según sea, decidiré. El dinero no me importa gran cosa, porque tengo más del que necesito por ahora (sin ser rico, claro).

Me parece una idiotez lo que dice un señor A. I. L. en una revista madrileña sobre tu prefacio a mi libro. Él mismo se desautoriza cuando dice que «eres incapaz de comprender la psicología masculina». Valiente mastuerzo. Los caracteres masculinos de todas tus narraciones están presentes en cuerpo y alma, y, además, lo consigues por alusiones y sugerencias indirectas, que es lo difícil. Son personalidades mucho más vivas y apasionantes y convincentes de las de la Pardo Bazán cuando trata de retratar a un hombre de frente y por definición directa.

Del Opus Dei lo único que me parece mal (es decir, lo demás lo acepto, allá ellos con sus opiniones) es el título. ¿Están seguros de que es Dios quien vela por sus dividendos? Lo terrible es que algunos están convencidos de que le hacen un favor a Dios accediendo a disfrutar de sus privilegios, y justificando así el mantenerlos a sangre y fuego. No es que yo piense que tengo la verdad. Nadie la tiene. Sólo tenemos opiniones. Pero ante la miseria de los que sufren injustamente (y la caridad que dicen practicar no compensa la injusticia) no hay casuismos que valgan.

No soy religioso ni moralista. Soy un escribidor. Eso que es Dios y que nos deslumbra y acoquina (no deberíamos siquiera atrevernos a darle nombre), nos tolera a algunos el trabajo en artes y letras, y tal vez nos lleva de la mano al margen de la llamada moral positiva, que nadie sabe lo que es realmente, ya que va a acabar siempre en lo mismo: en que los ricos tienen razón contra los pobres. Si no fuéramos nosotros quienes salimos al paso de esa moral positiva (!) ¿hasta dónde se atreverían a ir?

Es verdad que algunos hemos peleado también con armas, pero como pelearía cualquiera para salvar a un niño o a una mujer atacados por una fiera o un loco. ¿Quién no lo haría? (Pero es verdad que hay miserables que se meterían en su casa y atrancarían la puerta.)

Me escribió una carta un amigo tuyo ex jesuita vasco —Arrizabalaga— a quien no he contestado, porque tiene la costumbre tan española de no poner su dirección en la carta. Como el sobre se pierde fácilmente, luego no sabe uno a quién dirigirse. Es una carta discreta, generosa y muy expresiva. El hecho de que dejara la congregación no me extraña. Aunque son, según dicen, los más intelectuales de los frailes, siempre hay un fondo de rigidez dogmática que excluye lo mejor y más vivo de las posibilidades religiosas. Según mi entender, el carácter divino del cristianismo está en las palabras de Jesús en la cruz, cuando reprocha a Dios que lo haya abandonado. Sin la angustia que deja en todos los hombres esa declaración del más puro ser que la mente humana ha podido concebir, no habría religión posible. En la religión no hay soluciones para nadie —no hay soluciones en este mundo—. Hay intuiciones compensadoras de la angustia, aquí y allá, con las que vamos marchando. Pero ¿comprenden eso en los conventos? Tal vez algún cartujo —es decir algún anarquista de lo absoluto, lo entienda.

Espero el libro que Arrizabalaga me prometió y que leeré con interés. En cuanto a los de Rosa Cajal, llegaron con mucho retraso y los leí. Andaba entonces por tierras del norte y mi correo era un caos. Leí las novelas con gusto, pero se ve constantemente que la autora tiene más talento del que usa. ¿Es perezosa? ¿O le falta el estímulo del ambiente, digo de la crítica y los lectores inteligentes? Me gustaría leer más de ella.[25]

Veo que estás otra vez en las «garras dulces» de la familia y que no escribes tanto como querríamos todos. ¿O vas a Cercedilla de vez en cuando? ¿Les tienes miedo a los toros? (¿Al toro fabuloso de la creación literaria, como diría algún crítico?) Pienso que esos toros sueltos que ves en Cercedilla deben ser parientes de los que había en San Rafael (también sueltos) o en los avantos bajos del Escorial, cuando yo andaba por allí en los veranos.

25. Aquí el autor nos presenta a dos amigos personales de Laforet que en esta etapa se unen a este proceso epistolar.

Olvidaba decirte que leí por fin tu libro sobre el EE.UU. Está muy bien y se ve a América como es, contada sencillamente por una escritora de cabeza clara y de vista penetrante. Es un buen reportaje, y gracias una vez más por lo que dices de mí.

Escribo a Novelas y Cuentos para que te manden un libro de narraciones que debe estar ya listo.[26] Dirás que publico mucho, pero soy abuelo, como te dije, y querría que antes de marcharme se publicara en España todo lo que ha salido antes por estos barrios.

Nada más por ahora y perdona la lata.

Abrazos a tu marido y a todos vosotros.

RAMÓN

El recorte que te mandé en mi carta anterior era de una revista de México que publica un grupo de jóvenes anarcosindicalistas. Ellos mismos están sacando estos días un libro mío (un pequeño *Ensayo sobre el infringimiento cristiano*) donde está todo lo bueno o malo que hay en mi manera de sentir lo religioso.[27] Te mandaré dos ejemplares, uno para Arrizabalaga. Espero que no os asustéis, y si os asustáis, que me lo digáis francamente. Ya digo que yo no tengo la verdad (¡qué más quisiera!). Es la verdad la que nos tiene a todos nosotros.

R.

26. Sender debe referirse a *La Llave y otras narraciones*, Magisterio, Madrid, 1967.

27. El autor se refiere a la editorial Mexicanos Unidos, que publicó por primera vez esta obra.

25. — A Carmen Laforet

24 [de] enero [de] 1967

Querida Carmen Laforet,

No sé si le debo carta o no, pero es posible porque las últimas nuestras creo que se cruzaron, más o menos. En todo caso hoy me ha llamado Toda para decirme que esa doctora asturiana ha venido y vamos a comer juntos un día de estos. Por lo que me dicen, es una persona agradable y amable. Y luego siempre es dulce encontrarse dos españoles tan lejos de España.

Su niña me escribió una cartita de «gracias» encantadora. Digo, por las cositas que le mandé para su «Xmas tree». Le envidio esos hijos con la frescura aún de la infancia. Los míos son ya mayores y no siempre cómodos, porque comienzan a sentirse a sí mismos «transcendentes» en dimensiones un poco bobas, como yo a su edad.

Espero que es verdad que está escribiendo la continuación de *Insolación*. Robe tiempo al tiempo y escóndase, y siga trabajando en lo verdaderamente suyo, en lo que nadie puede hacer sino usted. Tiene un gran talento que no es ya propiedad suya sino de todos nosotros, los que la leemos. No crea usted que yo soy fácil en los elogios. Esto que le digo a usted no se lo he dicho nunca a nadie, ni dentro ni fuera de España. A Hemingway le dije que era... bueno le dije cosas muy diferentes (y había testigos de importancia). A otros les he dicho también (si querían hacerme hablar, es decir, obligarme a hablar) cosas un poco duras. Pero usted escribe como mujer «igual» (quiero decir en cuanto a la disposición moral) que yo como hombre. En muchas cosas, es usted mejor que yo.

Así pues, trabaje y denos pronto otro libro. Llevo casi un año esperando. Quiero escribir otra vez sobre usted (mejor en revistas especializadas que en diarios) y largamente y despacio, y con la profundidad que usted merece y de la que yo sea capaz.

Cuando vea a su amiga (bueno, a esta doctora asturiana que conoció más o menos de paso), le escribiré otra vez.

Entretanto, envío a usted y a los suyos mi mejor amistad,

SENDER

26. — A Ramón J. Sender

Madrid, 10 de febrero [de 1967]

Queridísimo amigo: Cuántas cosas tengo que decirle y que agradecerle y contarle... Tanto tiempo sin escribirle, y sin embargo pensando en usted.

¿Le di las gracias por el regalo que envió a mi hija? ¡Me escribió diciéndome su emoción y además que eran unos broches antiguos, preciosos y valiosos! Lo más valioso: esa delicadeza suya, extraordinaria.

Yo ya no le doy las gracias por el interés tan enorme que toma en mi obra. Es demasiado... Y sin embargo, su aliento me sirve de muchísimo. Estoy trabajando ¿sabe? En usted, que es un creador de tan gran aliento, esto pues resultaría lo natural... En mí, menos. Pero tengo ganas de hacer cosas y su interés ha contribuido muchísimo.

He aceptado una colaboración de artículos muy bien pagados: esto lo hago por necesidad, pero como estoy en una buena época, el tener un espacio limitado para el artículo me sirve de ejercicio de redacción. No deben tener más que dos folios a doble espacio. Busco mi tiempo para hacer novela y voy a ver si puedo alquilar una casa en el campo desde ahora, para pasar al menos tres días completos sola, con la novela, cada semana, y los otros aquí con todo lo que tengo —hijos, amistades, marido, cosas que necesito ver y los artículos— la trilogía está tan hecha... sólo necesito escribirla...[28] Y hay otra cosa dentro de mí en lo que usted va a estar de acuerdo. Quisiera escribir una novela (pero no antes de dos años o cosa así) sobre un mundo que no se conoce más que por fuera porque no ha encontrado su lenguaje... El mundo del Gineceo. (Que no es de la célebre frase de Platón en *El Banquete* ¿verdad? «Tenemos las mujeres del gineceo para la casa y los hijos...») En verdad, es el mundo que domina secretamente la vida. Secretamente. Instintivamente la mujer se adapta y organiza unas leyes inflexibles, hipócritas en muchas situaciones para un dominio terrible... Las pobres escritoras no hemos contado nunca la verdad, aunque queramos. La literatura la inventó el varón y seguimos empleando el mismo enfoque para las cosas. Yo quisiera intentar una traición para dar algo de ese secreto, para que poco a poco vaya dejando de existir esa fuerza de dominio, y hombres y mujeres nos entendamos mejor, sin sometimientos, ni aparentes ni reales, de unos a otros... tiene que llover mucho para eso. Pero, ¿verdad que está usted de acuerdo, en que lo verdaderamente femenino en la situación humana las mujeres no lo hemos dicho, y cuando lo hemos intentado ha sido con lenguaje prestado, que resultaba falso por muy sinceras que quisiéramos ser?[29]

Querido amigo. Ahora estoy con su prólogo. Trato de enterarme de todo lo que ha escrito. (¡Cuánto! ¡Qué obra más espléndida!) El prólogo será cortísimo y no puedo decir nada. Irá en la edición de *La aventura equinoccial de Lope de Aguirre*. ¡Qué libro extraordinario! La sobriedad de crónica,

28. Cuatro años más tarde de la publicación de *La insolación*, la autora considera el resto de la trilogía un proyecto ya realizado.

29. En este pasaje se encuentra el hallazgo del trabajo meditado y concienzudo, descrito en forma literaria y en un mensaje formal, de su concepto del hombre, la mujer y la literatura. Esta declaración en el centro de esta carta expresa y nos revela un asunto de aspecto filosófico y feminista con un posible título como *El mundo del gineceo* o, como menciona I. de la Fuente en su capítulo sobre Laforet, *El gineceo*. El feminismo de estas líneas revela la importancia del tema para la autora y la centralidad que alcanza en su creación literaria.

encerrando ese estudio psicológico, las descripciones, la poesía. ¡Y la locura de Lope, de la que no se dice una palabra, cómo se describe! Es magnífico. De manera que paso con usted y con sus libros mucho tiempo, aunque no le escriba. Tengo mucho miedo de que el prologuillo ese sea forzosamente una birria. Precisamente por mi interés, y porque me inspira tanta admiración y respeto su obra y su personalidad. Yo le enviaré una copia.

He leído en los diarios que le han dado a usted el premio Ciudad de Barcelona de teatro. Sé —o creo adivinar— que usted no ha enviado esa obra para ese premio. Por eso no sé si felicitarle. ¡No le añade nada! ¡El premio quedará demasiado nombrado con su nombre![30]

Amigo mío. No sabe qué orgullosa estoy de poder darle este nombre. Guardo sus cartas, y quisiera escribir un poco mejor ya que usted me lee.

Voy a escribir a los Toda. Resulta que no encontré *La Insolación* —que tenía que haberles enviado con la doctora Menéndez Viejo— en las librerías, y el editor me dice que aún no la han reimpreso desde hace seis meses en que se agotó la edición. Creo que tendré que enviarles el libro a Londres ya que van para allá. Siento que no los tenga usted en Los Ángeles porque es bueno tener cerca compatriotas así.

Esto de aquí: mangancia con últimos retrocesos. Ya sabe usted que yo de persona política no tengo ni un pelo, pero hay algo que al llegar a cierta edad de la vida ya ni deja respirar. Esto es cierto. ¡Cuánto me gustaría comentárselo!

Mi marido le envía su admiración y un afectuoso saludo. Y mis chicos. ¡Y yo! Usted lo sabe. Hasta muy pronto.

CARMEN

30. En efecto, Sender recibe este premio por las primeras seis partes de *Crónica del alba*; punto de inflexión para el conocimiento de Sender en España, puesto que con anterioridad a 1965 sus obras estaban prohibidas.

27. — A Carmen Laforet

[Febrero de 1967]

Querida Carmen,

Sus cartas siempre me traen alegría, y además me ayudan mucho con alguna de sus opiniones marginales sobre lo que pasa ahí. Lo de la tomadura de pelo y alguna otra frase ponen el «punto sobre la i» en la vaguedad de las impresiones que uno recibe a distancia por los periódicos. Y veo que las cosas confirman luego la opinión anticipada de usted. Los que no están metidos en política (cuando tienen su talento) ven las cosas más exactamente que los que están en el «ajo».

Sigo pensando que fue una impertinencia de esos señores proponerle un prólogo para *Lope de Aguirre*, pero me halaga, claro. Usted es la mejor novelista que tenemos. Eso que me dice de escribir desde y sobre el *Gineceo* es terriblemente ambicioso y realmente no se ha hecho nunca, porque hasta nuestra querida Teresa de Jesús, cuando escribe sus *Confesiones* y sus *Moradas*, lo hace pensando en sus confesores (varones), a quienes hay que obedecer y contentar. Además, su gineceo lo era a lo divino, y ahora con toda su grandeza eso no sirve a las vastas multitudes irreverentes que leen nuestros libros y para quienes hay que trabajar. Lo que usted se propone ha comenzado ya a hacerlo (como nadie) en sus novelas, donde por vez primera en España una mujer habla como mujer en un nivel que ya quisieran alcanzar muchos hombres. Leyéndola a usted se me ha ocurrido que es verdad eso que dicen algunos clásicos (y algún moderno —creo que Nietzsche—) sobre las diferencias entre la mente del hombre y la de la mujer. Contra todo lo que se ha tomado como ley corriente, dicen que la mujer es la lógica y el orden (mental) y el hombre la emoción y la aventura (y el disloque). Es decir, la mujer apolínea y el hombre dionisíaco. Podría ser muy bien, ya que Dios sabe lo que hace y cuando ha puesto en el gineceo el sagrario de la especie por algo será. Si tuvieran las hembras una mente androceica ¿a dónde iría a parar la humanidad? Unas matarían a sus bebés al nacer porque les parecían feos, otras porque las despertaban a medianoche, y hasta alguna con manías metafísicas, para evitarles en el futuro la aventura «horrenda» de morir. Los hombres somos irregulares y a veces inspirados. Las mujeres son armoniosas, sagaces, claras de mente y tal vez más capaces de verdadera creación. Al menos es lo que yo he visto en sus novelas, en todas. Especialmente en las dos últimas.

Adelante, pues, y estoy seguro de que ésa será su obra cumbre. Pero hay que ser muy valiente. Usted puede serlo, porque tiene, como le he dicho ya mil veces, mucho talento. Nadie más que usted puede atreverse a eso. Hay otras mujeres escritoras en España ahora, pero las dos que he leído (un poco) siguen la vieja tradición. Una quiere ser un «gran hombre» y toma nuestros manierismos. La otra quiere ser muy mujer, según la estampa de los calendarios (alfeñique con vainilla y caramelo casero). Tonterías. ¿Por qué no se atreven a decirlo todo como nos atrevemos los hombres, si lo que ustedes pueden decir —cuando pueden realmente— es más interesante que lo nuestro, aunque sea sólo por la novedad, ya que no han dicho nada todavía antes de usted?

La Pardo Bazán era una feminista con barbas —imitaba a los hombres—. No comprendía que era mucho mejor ser una mujer genuina que un falso varón.

En una carta me decía usted que no me trataban con justicia en las historias de la literatura. He visto en algunas de literatura contemporánea que tampoco aciertan realmente con usted. A veces hay cicatería, a veces se ve un poco de desazón por el hecho de que sea una mujer a quien hay que elogiar en el terreno de las glorias masculinas. Y nadie dice (al menos yo no lo he visto) que es usted, en nuestra ya larga historia literaria, la primera que habla como mujer.

Cuando se acuerda uno de aquellas horrendas y angélicas (ángeles con barbas como los asirios de los bajorrelieves) hembras que escribían: «Queredlas cual las hacéis —o hacedlas cual las buscáis» (Sor Juana Inés de la +) se espanta uno. ¿Cuándo un hombre ha podido hacer a una mujer? Eso de que nosotros las hacemos a ustedes es también un prejuicio masculino. Dios nos hace a todos según su «blue print» secreto y nos deja en libertad a ver lo que hacemos. En libertad. ¿Cuándo una escritora se ha atrevido a hablar de esa libertad? Todas las mujeres la usan —la libertad de Dios— a no ser que se metan en un convento de clausura (y aun así), pero ninguna ha contado lo que les sucede con los problemas de su libertad.

Bueno, hablando de otra cosa. Está bien eso de las colaboraciones de prensa pero tienen un peligro, y es que dan la impresión de que con ellas «ha hecho uno ya su tarea» y nos queda la tendencia a dejar lo otro (lo importante) en segundo término. Eso sería un crimen con usted. Así pues escriba su trilogía, prepare el *Gineceo*, que puede ser y será algo maravilloso.

Gracias por lo que dice de mi *Lope de Aguirre*. Era un monstruo, es verdad. Pero, ¿no lo eran Hitler, Stalin, y tantos otros más próximos para quienes reservaban los diarios las primeras páginas, las iglesias el incienso y la historia frecuentemente el perdón y hasta los laureles?

Mis editores le mandarán pronto *Tres novelas Teresianas* y *Jubileo en el Zócalo*, la primera, nueva, y la segunda una reimpresión. Si la distraen algún rato, me daré por muy satisfecho y feliz.

El otro día comí en casa de los Toda y conocí a la médica asturiana. Parece una mujer sencilla, avisada y entendida en lo suyo. Un poco demasiado soltera, quizá. Pero así es con muchas de las españolas que no se casan. Tal vez aquí, en América, encuentre alguna solución. Es agradable. Como había otras personas (éramos diez o doce) no hicimos mucha conversación aparte. Pero espero que la veré otra vez.

El premio Ciudad de Barcelona no lo pedí —ni sabía que existiera—. Me gusta que los compañeros que escriben crítica literaria allá eligieran un libro mío, y se lo agradezco. La novela que les ha gustado es *Crónica del Alba.*

Nada más por ahora. La poquísima relación postal que he tenido con su niña es encantadora. Por cierto que tengo que escribirle y lo haré un día de estos. Envidio a su marido que puede gozar de tantas voluptuosidades paternales. (Hay esas legítimas dulzuras que yo he perdido, porque mis hijos son ya grandes, y que tal vez son lo mejor de la vida.) Cuéntelas usted también en su G*ineceo.*

Cordialmente,

SENDER

28. — A Carmen Laforet

Country Club Apartments
3427 McClintock Avenue, #10
Los Angeles, California 90007

2 [de] abril [de] 1967

Querida Carmen Laforet,

He tardado mucho en ponerme a escribirle (después de su espléndida carta última); primero, porque estoy lleno de gratitud por su prólogo (no lo he visto pero es igual, el hecho de que lo escribiera es en sí mismo generoso), y porque respeto su vida de hogar, tan llena de pequeñas tareas absorbentes y dulces, y no quiero imponerle una correspondencia asidua como una obligación. También porque espero que se ha metido en faena con el segundo libro de la trilogía y esas son palabras mayores. Hay que dejarla a usted tranquila y caminar de puntillas por los pasillos.

Yo estoy solo, tengo todo el tiempo mío y no debo dar la lata a nadie.

Sin embargo los editores de Barcelona enviarán a su casa más libros míos. Como he estado tanto tiempo sin publicar nada ahí ahora todos queremos ponernos al día y recuperar lo perdido. Así pues, recibirán ustedes los dos últimos volúmenes de *Crónica del Alba*, un libro con *Tres novelas teresianas* (sobre Santa Teresa) y otro titulado *Jubileo en el Zócalo* sobre la conquista de México. Y perdonen ustedes. Les mando todo lo que publico en España para obligarla a usted a enviarme sus libros nuevos.

He hablado con algunas poetisas o prosistas celtibéricas que han venido por aquí. La estiman a usted, pero no con el entusiasmo que yo esperaba y me alegro de ver que he influido en ellas. Son dos y, aunque la admiran, la acusaban de beatería (!!!). ¡Cómo es posible que habiendo leído sus libros puedan hablar así? En *La Mujer Nueva* no hay beatería alguna, sino verdadero sentido religioso. Reconozco que se dejaron convencer fácilmente, pero me extraña y disgusta la miopía (voluntaria, supongo, por aquello de la envidia ibérica) de algunas personas. El hecho de que sean mujeres explica también la cosa, porque nunca ha podido tolerar una mujer que digan de otra que es hermosa, ¿verdad?

Envío a todos ustedes mi cariño y devoción,

SENDER

Lástima que la política no evoluciona un poco más deprisa ahí. Se podría hacer algo bueno y el no hacerlo pronto puede traer dificultades, ya que lo que no evoluciona (en la naturaleza, en la sociedad, en la política) degenera y muere. Todos querríamos que la evolución hacia tiempos y formas democráticos se hiciera de una manera más sistemática, sostenida y abierta. Si no hay una oposición legal con cuyos jefes dialogar y entenderse, ¿cómo va a haber evolución?

Todos esperamos, sin embargo, que el buen sentido se abra camino.

29. — A Carmen Laforet[31]

University of Washington
Romance Languages
Seattle, Washington 98105

7 [de] agosto [de] 1967

Querida amiga,

Llega su carta con retraso, porque, como ve, no estoy en Los Ángeles sino en Seattle, en la frontera de «British Columbia» (lagos, montañas nevadas, brazos de mar). Como las personas de genio siempre calculan mal las fechas de sus viajes pienso que a lo mejor está usted todavía en Madrid y le escribo enseguida.

Veo que sigue usted escapando del problema hermoso y grande —la gran novela de la que me hablaba—. El periodismo, aunque sea en Polonia, no es tan importante para usted. Menos mal si se divierte. Pero lo dudo, porque Polonia es un país triste. Y Varsovia es tristísima y provincianísima. Sólo tiene algún encanto para viejos como yo que podemos gozar un poco de los lugares melancólicos. En todo caso, le deseo un viaje feliz y muchas impresiones nuevas para enri-

31. Durante ese verano Sender dictó un curso en esta Universidad que expresa en el remitente, y le sirve de excusa para no aceptar la invitación a Salamanca. En esta estadía en Washington compartió con el profesor Marcelino C. Peñuela. Vid. J. Vived, ob. cit., pág. 532.

quecer todavía esa sensibilidad de usted, tan fina y llena de originales registros.

Yo volveré a Los Ángeles (a la misma dirección) dentro de un par de semanas. Me invitaron de la Universidad de Salamanca, diciéndome que había allí una especie de simposium de novelistas españoles a fines de este mes y que estaría usted (y Cela y Goytisolo, y no sé quién más). Yo me animaba a ir, pensando que la vería y tendría ocasión de charlar con usted largamente, pero tengo que dar algunas conferencias aquí los días 18 y 19 y no podría salir hasta el 21. Para llegar a Salamanca a tiempo iba a ser todo demasiado precipitado.

Al mismo tiempo, me escribieron algunos amigos diciéndome que tuviera cuidado, porque, aunque el gobierno toma una actitud tolerante, hay grupos de incontrolados (esos que llaman gamberros de la vieja guardia) que se dedican a molestar a los viejos enemigos como yo. Eso lo daba por sabido, pero nunca me ha importado y era más bien un estímulo para ir. Sin embargo, la justeza de las fechas y mi falta de entusiasmo por los aviones (en eso coincidimos) me ha hecho desistir. Tal vez iré en la primavera próxima.

En Polonia, no encontrará usted los trenes bonitos de USA ni la atmósfera de vivacidad y movimiento americana. Todo es allí polvoriento y triste, o lo era al menos cuando estuve yo. (En 1933, cuando usted se ponía en Canarias el primer rojo de labios, quizá.) Y miraba en éxtasis a su pintor cojo. (Digo, al de *La Isla y los demonios.*)

Pero ya digo, ojalá se divierta de todos modos. Se está haciendo tan andariega como Teresa de Jesús, nuestra amiga.

Con toda cordialidad, con mi cariño para su familia, especialmente para la joven profesora-estudiante de Pensilvania, que supongo está ahí, y con los mejores votos para su trabajo.

RAMÓN J. SENDER

30. — A Carmen Laforet

Country Club Apartments
3427 McClintock Avenue, #10
Los Angeles, California 90007

22 [de] oct[ubre] [de] 1967

Querida Carmen,

Hace días que me siento en delito con usted por no haberle dado las gracias por su prefacio al *Lope de Aguirre*, que he leído y que me parece extremadamente generoso. Una vez más le digo que sólo las gentes de verdadero talento (en las artes) son de veras generosas. Los demás andan comidos por envidias y otras pequeñeces. Gracias, pues.

Si me escribe, dígame que está trabajando en la continuación de la trilogía y que no olvida su idea grandiosa del *Gineceo* (es decir una novela sincera y profunda y bien matizada, como usted sabe hacerlas) desde dentro del mundo genéricamente femenino. Nadie más que usted puede hacerla hoy. Ánimos y adelante.

Pronto saldrá otra novela en Barcelona (Destino) titulada *Las criaturas saturnianas*. Diré al editor que se la mande, pero eso no la obliga a leerla. Se la mando para obligarla a usted a mandarme sus libros. Me hace gracia que no quiera mandarme el de su viaje por USA.[32] Yo sé distinguir entre periodismo y literatura, y además, usted está libre y a mil codos de toda sospecha (digo, de ordinariez). Pero si no quiere mandármelo, lo dejo a su elección. Yo creo que alguno de mis libros tampoco se lo mandaría por una razón parecida. Todos tenemos derecho a nuestros pudores.

Cordialmente con cariño para todos, especialmente para usted, y la única de sus niñas a quien conozco (por correo) y que espero que siga tan feliz y tan bonita. Dígame dónde estará el... (dónde está este invierno). Iba a decir «el próximo invierno» porque aquí en Los Ángeles hace un calor indecente y se pierde la idea de las estaciones.

Cordialmente otra vez,

Ramón J. Sender

32. Al parecer, para enero de ese año Sender había leído una versión de *Paralelo 35* antes de llegar a la imprenta, según se expresa el autor en la carta n. 24. Es curioso que ahora, al ser publicado, Laforet no quiera enviarle un ejemplar.

31. — A Carmen Laforet[33]

Country Club Apartments
3427 McClintock Avenue, #10
Los Angeles, California 90007

18 [de] sep[tiem]bre [de] 1968

Querida Carmen,

Me he alegrado mucho al encontrar en el buzón tu carta. ¡Tanto tiempo sin escribirme! El pasado verano estuve en Michigan (University) y lo tenía todo listo para ir a España. Allí te vería y charlaríamos. Pero, a pesar de haberme invitado los profesores de Salamanca y de Santander, a última hora no me quisieron dar en Madrid esa especie de visa político[34] que exigen a los emigrados que salimos en 1939. Soy todavía sospechoso, según parece.[35]

No pienso escribir —publicar— nada sobre el caso, ya que si protestara dejaría en mal lugar a los colegas que me invitaron. Es raro que 30 años no basten para tranquilizar a

33. De esta carta en adelante comienza definitivamente el uso informal de «tú» por parte de Sender.

34. Es decir, de visado político.

35. Julia Uceda invitó a R. J. Sender a ofrecer un curso de verano en la Universidad del Estado de Michigan. Ese mismo verano el autor volvió a recibir otra invitación de la Universidad de Salamanca y, además, de la Universidad de Santander. Aunque el autor sí quería volver a España en esta ocasión, no fue posible por cuestiones políticas. Véase J. Vived, ob. cit., págs. 539-540.

algunos. En todo caso, iré en la primavera del año próximo sin pedir permiso a nadie, puesto que no iré con propósitos de hablar en público sino como un turista más.

No sé si Destino te habrá mandado *Las criaturas saturnianas.* Otras cosas viejas o nuevas van a salir. Quisiera dejar republicado en España todo lo que he perpetrado para bien o para mal. Digo, antes de «marcharme».

Me parece innecesario, y un poco absurdo, decirte que sigas con tus magníficas novelas. Va con tu naturaleza y no debes hacer otra cosa. Tu retiro en Cercedilla debe estar lleno de maravillas y debes salir adelante con ellas. Pero comprendo también (ya te lo dije antes) que con una familia como la tuya (cinco hijos hermosos y sanos) te dejes ir a veces y prefieras vivir la vida a 'rapsodizar' y comentarla o escribirla. Escribe más novelas. Sólo tú puedes hacerlas —por la gracia de Dios, como se hacen las grandes cosas.

Después del viaje frustrado a España, me he quedado un poco despistado por dentro y por fuera. La verdad es que sólo pueden prohibirme entrar en España por alguna clase de recelo (de miedo). Eso de que me tengan miedo me rejuvenece un poco, la verdad.

Como te digo, si no te he escrito antes, es porque esperaba verte en Madrid. (¡Ah!, y no olvides en tu próxima carta que desde la anterior nos tuteábamos. Nada de tratarme de usted. Los que nos acercamos a los setenta nos sentimos muy ufanos cuando una persona de tu edad nos tutea. Nos sentimos «integrados» en su tiempo.)

En la universidad lo de siempre. Gente joven que quiere sus diplomas para meterse en el mundo académico y enseñar un día cosas que no han aprendido ni van a aprender nunca en muchos casos. Pero le queda a uno tiempo abundante para leer y desvivirse a solas. Es lo único que le queda a uno: desvivirse a solas o en común.

Perdona si me pongo fosco. No debía escribirte sino cuando estoy de buen humor, para no enturbiarte el aire. Te recuerdo siempre alegre, sonriente, bien ajustada a la atmósfera en la que vives. Ojalá seas siempre así.

Habrás visto que no colaboro por fin en *Actualidad Española*. De otras partes me piden artículos también, pero estando fuera de España y existiendo alguna clase de censura, no sabría qué acento tomar. Y el mío natural creo que no les sirve todavía (dadas las condiciones).

Envíame noticias tuyas, querida Carmen. Repito que tu carta en el buzón es una gran alegría, y es que posiblemente eres la única persona española a quien admiro y quiero y respeto. En el tiempo que vivimos no es fácil querer, admirar ni respetar. Después, leo tus cartas varias veces. Escríbeme. Y dime cosas buenas de ti y de los tuyos.

Abrazos a todos vosotros,

RAMÓN

32. — A Carmen Laforet

Country Club Apartments
3427 McClintock Avenue, #10
Los Angeles, California 90007

26 [de] no[viem]bre [de] 1968

Querida Carmen,

Cuánto me alegro de que estés trabajando por fin y olvides de vez en cuando tu paraíso de madrecita (incluidas peleas, mediaciones de arreglo y hasta —supongo— algún «spanking». A los chicos pequeños les gusta esto). Lo que dices de los congresos de escritores tiene gracia. Después de lo que he visto en algunas revistas (sobre esos congresos), me alegro de no haber ido, aunque rabio por entrar en nuestro país.

El cónsul de aquí me dice (es buena persona y a veces comemos juntos) que tuvo que ser algún malentendido por estar fuera de Madrid los empleados de Relaciones Exteriores que entienden esas cosas. Pero realmente si yo fuera el dictador de España y un tío escribiera sobre mí lo que yo he escrito sobre el pequeñito césar, no lo dejaría entrar. Y si lo dejaba sería para darle algún disgusto. Así, pues, comprendo.

Nosotros, la gente que vive de su imaginación, olvidamos que los políticos tienen sus intereses, y que para ellos son tan sagrados como para nosotros los nuestros. Aunque los míos, el diablo se los lleve si entiendo cuáles son. Me interesa seguir respirando, leyendo algún libro y recibiendo alguna carta (no de negocios!!!) de algún buen amigo querido como tú.

Aunque yo no tuve ocasión de mantener la amistad (postal) con tu niña (¿Cristina?) recuerdo a veces la carta tan simpática que me escribió. No era nada de particular, pero tan linda, inteligente y «fragante» —cosa de adolescente verdadera— que me encanta. Esto último es muy inocente. Por eso es tan simpático. Voy a decirte, porque las madres tenéis tendencias a la alarma en cuanto a la inteligencia de vuestras niñas. Es que me contaba cómo trabajaba como «assistant» en su «college» y hablándome de su jefa me decía: «Es del Ecuador y es muy simpática, pero ¡¡¡tan ignorante!!!». Esto es lo que me hizo gracia. Es lo que nos pasa a todos los españoles cuando andamos por estas universidades que Dios confunda. Aunque sean los españoles tan poco académicos como yo, nos choca mucho ver la falta de temple intelectual de la gente de estos barrios. Y cuando vienen del sur, la cosa es ya fabulosa.

Si eres una buena madre, permitirás que yo envíe a tu niña un pequeño chequecito en pesetas (de mis derechos de autor) para que se compre un regalo y haga algún otro en mi nombre a sus hermanos. Ya digo, que si eres una madre natural (como las dulces leonas de África con sus lindos cachorros) me dirás que sí. Yo te mandaré el cheque (tengo una cuenta en el banco de Aragón en Barcelona) y Cristina se acordará del viejo amigo de su mamá que vive en Los Ángeles. El cheque a nombre de Cristina, claro, para lo cual debe enviarme su nombre legal y «financiero».

Pero ella debe escribirme una carta contándome toda su vida privada. Digo, sus amores (hasta rebasando un poco las confidencias que tiene contigo, es decir confesándome que le gusta algún chico que a ti no te convence). En fin, debe escribirme si tiene un rato libre para perderlo.

Tengo mucha ilusión con tus nuevos libros (los de la trilogía). Yo escribiré de ellos como sin duda merecerán. Tienes muchísimo talento y del bueno, del que queda y despierta otros talentos más o menos dormidos alrededor, y los seguirá despertando en el futuro.

Mi cariño para todos vosotros,

RAMÓN

¿Recibiste un libro de Tenerife con diez o doce novelas cortas mías? La editorial se llama Romerman. ¿La conoces? Hicieron una edición bonita, pero no me han mandado sino un ejemplar hasta ahora. ¿Tú sabes si circula por ahí? O ha intervenido la fuera corrupta, digo, la censura aconsejadora o punitiva o postdefinidora? Yo les escribí, pero no me responden, y eso me intriga. O hay gato encerrado, o la editorial ha desaparecido, o el libro se vende tan poco que les ha decepcionado. En todo caso, me pagaron el 10 % de la edición anticipadamente. Menos mal.

R.

33. — A CARMEN LAFORET

University of Southern California
Department of Spanish-Italian-Portuguese
University Park
Los Angeles, California 90007

11 [de] junio [de] 1969

Querida Carmen,

Hace algunas semanas contesté a tu niña (a veces me escribe alguna carta, siempre juvenil y encantadora) y tengo la impresión de haberte escrito a ti también, porque olvido que a veces nuestros hijos, para darse a sí mismos la impresión de una «vida propia y aparte», se hacen un poco incomunicables, ¿verdad?

En todo caso, me gustaría saber qué haces, si has terminado tu trilogía, si estáis todos en buena salud y contentos, si vas por fin o no a Chile (no te lo aconsejo) y, en fin, cuál es vuestra vida. Lo de Chile no es porque el país sea feo, sino que el viaje es tan largo y tan incómodo (los barcos no son tan buenos como los de las líneas del lado norte del planeta), y porque sospecho que te vas a decepcionar un poco en el contacto con esos pueblos de Sudamérica, crudos y desorientados.

Te escribo también para rogarte que en lo sucesivo cuando me escribáis pongáis la dirección así:

University of Southern California
Spanish Department
Los Angeles, California 90007

Me cambio de casa, porque derriban la casa bonita donde vivo para construir un feo rascacielos más.

Abrazos a todos vosotros,

RAMÓN J. SENDER

Todavía no sé si iré a Francia (a España no, mientras esté en la cúspide el cesarito). Hago mis decisiones siempre a última hora. Ya os diré.

34. — A Ramón J. Sender[36]

Cercedilla, 27 [de] octubre [de 1969]

Querido amigo: ¡Hasta hoy he esperado para felicitarte![37]

Felicité en cambio a Lara y jurado del Planeta por haberte podido premiar, y lo hice inmediatamente. ¡Con entusiasmo!

Aparte de las noticias de periódicos que dicen que estás en Roma, no sé, pero eso me hacía tener menos impaciencia. Resulta que tengo por todas partes tus señas de McClintock Ave[nue] y no sabía si la universidad correspondía a ese 90007 de Los Ángeles, que sí corresponde, según me ha dicho al fin, hoy, mi marido...

Qué alegría para mí lo del premio Planeta. No porque «aumente un codo» tu valía, ni categoría, ni nada (el premio sí que se ha apuntado un tanto de altura y categoría que también me alegran).

Ni siquiera por la cuantía del premio, que sé que por fortuna no te hace falta, aunque su cuantía siempre es una buena noticia, en cualquier circunstancia que uno se encuentre.

Pero no es por eso mi alegría. Es porque, aunque por fortuna, ya eres muy leído y conocido aquí (aunque se te haya

36. Esta es la primera carta de Laforet desde Cercedilla y la primera donde emplea la forma de «tú» para su colega.

37. Estas felicitaciones son por el Premio Planeta, otorgado a R. J. Sender en 1969 por su novela *En la vida de Ignacio Morel*.

ignorado durante tantos años, hasta que permitieron otra vez editarte). Este premio lleva aparejada una difusión muy grande de tu nombre, de tu personalidad, para una masa de lectores que no saben si no, y que te conocerán y leerán. Y sé que te interesa el público de España. Y por eso es mi alegría tan grande.

No sé si vas a venir como dicen. Pero aquí o donde sea tengo muchas ganas de darte ¡mi enhorabuena personalmente!

¡Con el afecto, gratitud y admiración de siempre!

CARMEN

35. — A Carmen Laforet

29 [de] agosto [de] 1970

Querida Carmen,

Vuelvo de México, porque la universidad va a comenzar otra vez en un par de semanas y recuerdo que te debo una carta. Confieso que casi me cuesta trabajo escribir a los pocos amigos verdaderos que tengo en España: de tal modo estoy decepcionado por la marcha de las cosas. A veces pienso que no volveré ya nunca ahí. Y lo peor es que comienza a no importarme. Pero me duele.

Habrás visto que publico mucho (cosas antiguas, la mayor parte reimpresas en España). Parece que lo acogen bien, digo los lectores. De los críticos se me da muy poco.

Supongo que tu niña recibiría mi carta con mi pequeño obsequio y que se ha casado y es feliz. Al menos la mayor parte de los recién casados lo son. Ojalá les dure la felicidad toda la vida.

Yo ando con problemas de salud. Más que nada es cosa psicosomática, como dicen ahora, pero eso no quiere decir que sea menos molesto. Los médicos lo dicen como si no tuviera importancia, pero yo preferiría un poco de artritismo o de dispepsia a esta angustia sin motivo que requiere alguna clase de tranquilizador (que no le tranquiliza a uno, sino que lo inquieta en otro nivel). En fin, debe ser la edad, ya que el año próximo cumpliré 70. (Es increíble que en nuestro difícil tiempo un tío honrado e imprudente haya podido vivir tantos años.) Bueno, es la opinión que tengo de mí mismo, y perdona.

He visto que has publicado un libro de cuentos.[38] Espero que me lo envíe tu esposo, ya que por aquí es difícil conseguirlo por ahora. Sabes lo que me gustan tus libros y el interés que he tenido siempre en empujarte y estimularte a trabajar más. Se publica poco bueno en España (y en otros países) ahora. Y la autora de *Nada* y *La Isla y los demonios* puede seguir haciendo maravillas y debe seguir haciéndolas.

Yo he escrito en México una novela más que estoy leyendo y retocando. No sé cuándo ni dónde saldrá. En España salen ahora *Zu, el ángel anfibio* (Planeta), *Ensayos del otro mundo* (Destino) y *Nocturno de los 14* (Destino también). Escribo bastante, como ves. Parece que en la vejez los vicios de juventud se agudizan. Pero me distrae esto de contar cuentos. ¡Ah!, también sale en México *Relatos fronterizos*, que te enviaré.

Escríbeme otra vez largamente, si tienes tiempo. Y si no, que me escriba tu niña, que debe tenerlo, puesto que no ha nacido todavía Valentina.[39] (¡Cómo os agradezco que hayáis pensado en eso!)

Abrazos a toda tu encantadora familia,

RAMÓN

38. Este libro de cuentos que publica Laforet es *La niña y otros relatos*, Magisterio, Madrid, 1970.

39. La primera nieta de C. Laforet, la niña de Cristina Cerezales y de Toni Custodio se iba a llamar Valentina, en honor a aquel amor de la niñez de R. J. Sender y personaje en la *Crónica del alba*, que le había mencionado a Laforet en la carta n. 23 y luego en la 42. Luego, al nacer la niña, por ser tan blanca y rubia, sus padres decidieron llamarla Clara. Cuando reciben la visita de una vecina, quien pregunta ¿a quién salió la niña tan rubia? Laforet le contesta: ¡a ti!

36. — A Ramón J. Sender[40]

Cercedilla, 17 de septiembre [de] 1970

Querido amigo, queridísimo amigo Sender:

Recibí, muy tarde, tu carta (se olvidan de enviarme la correspondencia).

Comuniqué con Toni y Cristina y quedaron desolados. Espero ya te haya llegado carta de ellos. Te escribieron desde Argel —en viaje de novios— y tienen comenzada otra carta muy larga diciéndote muchas cosas.

Tú estás entre nosotros cuando hablamos. Tu regalo fue el más cariñoso y generoso, además del más importante que recibieron. Y te quieren, como yo también te quiero, además de tenerte admiración, por tantas cosas.

Querido amigo. ¿Podría hacer algo por ti, por esa enfermedad psicosomática que yo también creo más terrible que otra cualquiera?

Cuando vengas a Europa —aunque no sea a España— es-

40. A finales del verano de 1970 desde Cercedilla, aproximadamente en la parte central de este epistolario, se perciben unos cambios de ánimo en Laforet que coinciden, en términos biográficos, con su separación matrimonial. También trasluce cierto acercamiento a su destinatario. La discreción y la necesidad de confidencias se extienden hasta donde la prudencia de la autora le permite en esta carta. Laforet habla de sus decisiones, de los cambios y del inicio de una nueva etapa en su vida que reflejan su estado de ánimo y el tono de esta epístola.

pero poder ir a visitarte adonde estés. Ahora tendré más libertad para moverme que durante los últimos veinticuatro años. Y también creo que más libertad de espíritu. Y también creo que podré trabajar... Aunque yo no piense que mi trabajo valga nada. Pero sé que si recupero mi paz espiritual podré escribir muchas cosas y disfrutar mucho más de la vida. Si vienes a Europa y hablamos, te contaré por qué.

Lo de España es algo sin salida dentro de lo que una persona, que ha conocido sus problemas como tú, puede pensar. Y digo esto porque a mí me parece la cosa de un calibre fuera de mi inteligencia: nada sé, y cada vez sé menos de política.

Sí, querido amigo, tus libros tienen éxito. ¡De público también! Lo sé porque en la misma editorial donde trabaja Manolo se vende mucho tu libro —y que no es de los mejores tuyos para mi gusto—. Tienen éxito de público y la crítica no habla muchas veces de tus libros sino de otras razones que le hacen estar de uñas. ¿Por qué diablos en nuestro país o se tiene miedo o se va con lo que se cree la corriente o se está de uñas? También te alaban. Es lógico. También te admiran, es lógico. Pero si pueden prefieren no hacerlo. No enterarse de que eres, sin ninguna duda, el más importante de nuestros novelistas. Sin embargo, ¿cuándo no ha ocurrido eso en nuestro país, si un autor es grande?

Sender, amigo mío, yo no quiero hablarte de mí, porque estoy en un momento crucial de mi vida. Porque precisamente de eso no debo hablar. Sólo te diré cuando de nuevo vuelva a poder escribir, después de estos últimos años terribles en mi vida interior. No creas que se trata de una nueva crisis religiosa. La única que tuve, mal enfocada, tremenda, etc., fue valedera: aún soy creyente... No se trata tampoco de pasiones, ni locuras, sino de ver con serenidad lo que forzosamente tengo que hacer y haré. Y creo que todo será para bien. Y creo que así, cuando yo sea más yo, podré echarte una mano —aun desde lejos— para tu asma. Decirte más simplemente, más expresivamente las cosas que pienso. Escribirte cuando lo desees y necesites.

Con todo mi afecto grande, mi gratitud, mi alegría por recibir noticias tuyas,

CARMEN

P.S. El día 21 los pequeños y yo volvemos a Madrid, a la calle O' Donnell.

37. — A Carmen Laforet

2 [de] nov[iembre] [de] 1970

Querida Carmen,

Hace tiempo quiero escribirte, pero estoy casi siempre de mal humor y no tengo derecho a aguarle la fiesta a nadie.

No es que pase nada nuevo. Es lo de siempre, y tal vez los años que se acumulan. Espero ir a España, aunque no sé cómo ni cuándo. A veces decido renunciar. Y otras... Tú dirás, «¿por qué no vienes?». Bueno: ésa es la cuestión. Por un lado, no debo ir mientras esté el césar en el centro de la escena (de esa mala comedia de aficionados que siguen representando). Por otro, resulta que me tienen miedo. Me hicieron saber (hace aproximadamente un año) que si iba tendría que atenerme a tales y cuales riesgos por ataques al jefe de Estado y a los poderes de la nación en publicaciones mías fuera de España. Querían decirme: venga usted si quiere, pero no trate de molestarnos, quédese calladito en su rincón y sea buen muchacho. Que hablen así los de la MATESA,[41] y de tantas otras cosas sobre las cuales no se ha hecho luz todavía, es de veras ridículo.

41. MATESA fue un escándalo social y financiero de los últimos años del franquismo, al parecer relacionado con el tráfico ilegal de armas.

Mis libros se leen ahí, es verdad, pero hay ocho o diez de ellos que no se pueden publicar.[42]

Lo que tú me dices sobre ti misma me intriga. ¿Se trata de novedades en cuestión literaria o de una actitud diferente en materia política o religiosa? Me gustaría saber de qué se trata, y deseo con toda mi alma que sea bueno para ti y para todos vosotros.[43]

Supongo que los novios han vuelto y están en Cataluña, felices con su juventud y su amor.

Acuérdate de mí de vez en cuando y escríbeme algunas líneas.

Abrazos a todos,

RAMÓN

42. Nos podemos anticipar a señalar que la publicación de estos libros fue condición puesta por el autor para su primera visita a España, luego de 35 años de exilio, en 1974. Como ejemplo mencionamos entre estos títulos: *El lugar de un Hombre*, de Destino. *El verdugo afable*, etc. Véase J. Vived, ob. cit., págs. 575-576.

43. Podemos comprender en estas líneas que Sender no tenía ninguna sospecha, ni podía imaginar, que lo expresado por Laforet en la carta n. 36 tuviera nada que ver con una crisis y una separación matrimonial.

38. — A Carmen Laforet

21 [de] noviembre [de] 1970

Querida Carmen,

Lo que me dices en tu carta me ha sorprendido un poco, pero me parece que está de acuerdo con tu linda personalidad (con tu sentido de la integridad moral) y creo que puedo felicitarte. Naturalmente deseo con toda mi alma que —como dicen los campesinos— sea para bien.

Yo iré por ahí (a Mallorca o a Alicante) aunque no sé para qué si no es para verte a ti. Ya te diré. Estoy bastante desmoralizado y un poco más incómodo que lo habitual por las drogas que me dan los médicos. Para tranquilizarme —tú calcula—. ¿Quién está tranquilo hoy en el mundo?

En estos días tengo aquí conmigo a mi cuñado (que vive en México, con mi hermana y dos niñas) y ando todo el día por ahí. Me he sentado un momento a la máquina para enviarte dos líneas. Cuando me quede otra vez solo (en dos o tres días) te escribiré más largamente. Ahora es sólo una nota para decirte cómo y cuánto me alegro de ver que tú estás más contenta que antes. No es necesario decirte, porque ya has comenzado a verlo por ti misma, que todos tus niños estarán contigo. Tu marido sabe probablemente tan bien como yo que la familia —es decir el hogar— es la madre. El padre no pinta nada.

Te envío mi cariño.

Como digo, te escribiré otra vez dentro de unos días. Entretanto te envío un dulce abrazo amistosísimo,

RAMÓN

[Manuscrito:] Si puedo hacer algo por ti dímelo y lo haré, no sólo con gusto, sino con entusiasmo. Sin pedírmelo tú no me atrevo, tú comprendes.

R.

39. — A Carmen Laforet

University of Southern California. —Spanish.— Los Angeles, California 90007

24 [de] nov[iembre] [de] 1970

Querida Carmen,

Acabo de leer tu carta del día 19. No te preocupes de lo que me has dicho en las anteriores. Eso de Gredos no tiene importancia. No es un libro mío, sino que lo firma un profesor americano que escribe un largo prólogo. Por otra parte, yo sé que Gredos es una editorial cicatera.

No sé qué decirte, la verdad. Si estuviéramos juntos sería más fácil. Lo primero que se me ocurre es que vas a quedarte un poco sola. Y ese refrán español «más vale estar solo que mal acompañado» es una tontería. No hay nada peor que estar solo. Veo en tu carta que has comenzado ya a darte cuenta, y me preocupa eso. Ojalá con el trabajo puedas olvidarte de ese silencio en el que te supongo envuelta día y noche. En todo caso, tal vez oyes el viento y el mar (digo, las olas subiendo por la arena), pero nada de eso basta. Necesitamos sentir las ondas propicias de alguien que cuenta algo en nuestra vida. Ya te digo que temo mucho que tu soledad se haga cada día más pesada y triste. Si estuviera cerca, correría a acompañarte.

Tienes la ventaja de los hijos, que acudirán a tu lado cada vez que los llames.

No puedo imaginar, ni es necesario saber, lo que te ha pasado con tu marido. Nunca puede entrar una tercera persona en esas cosas. Estoy triste pensando que la impresión que me daba tu familia era falsa también. ¿Es que no va a haber nada de veras idílico en el mundo? Es triste llegar a esa conclusión. La verdad es que yo estoy desilusionado hace tiempo, pero a veces pienso que hay cosas que valen la pena, y que si yo no las tengo, es porque no las merezco. Pero parece que tú tampoco las tienes, y que no las merece nadie, de veras. Y nadie las tiene.

Yo iría durante las navidades, pero comienzo a sentirme viejo, aunque viva todavía como cuando era joven. Los nervios me sostienen y a veces me dan alguna felicidad, pero también con depresiones proporcionadas (a mayor felicidad mayor desgana de vivir, tú sabes, o tal vez tú no lo sabes aún, y ojalá no lo sepas nunca). Es posible que nadie escape a eso. Y me pongo triste anticipadamente pensando en ti.

¿Por qué no me dices más sobre vuestra desavenencia? Tal vez no hay nada irremediable y se trata sólo de un poco de sadismo moral en Manolo (natural en el hombre) y de tu resistencia al masoquismo (natural también en la mayor parte de las mujeres). Tú no eres ya ese tipo de hembrita a quien le gusta ser maltratada de vez en cuando. Los psiquiatras dicen que un poco de sadismo en nosotros y masoquismo en vosotras es natural y saludable. Pero es verdad que tú no eres una mujer del montón y que hay que tratarte de otra manera. En todo caso, me gustaría que volvierais a entenderos cuando acabes tu libro y tengas los nervios descansados.

Si de una forma u otra voy a Mallorca, te avisaré. Me encantaría verte y hablar largamente de tus problemas y de los míos. Entretanto, un cordial abrazo a ti y a Cristina cuando la vuelvas a ver.

RAMÓN

40. — A Carmen Laforet

9 [de] dic[iembre] [de] 1970

Querida Carmen,

Acabo de leer tu carta. Te escribo, pero no creas que esto te obliga a distraerte de tu libro y a escribirme también. Yo disfruto ahora hablando contigo, y si a ti te sobra tiempo y tienes humor, me escribes también. Si no, supongo que todo va bien con tu trabajo y tus problemas (pequeños problemas, según parece) de familia.

La verdad es que no entiendo una palabra. Una separación sin enemistad, hablando tú y al parecer tu marido muy bien uno del otro, pero decididos a no reunirse otra vez... Claro es que en una persona extraordinaria como tú los problemas deben ser extraordinarios también.

En mi caso, como te decía, por vez primera (este año) me doy cuenta de los años. No respiro, si me dan drogas para respirar, no duermo. Tomo cuatro tranquilizadores cada día, una tableta de cortisona, dos más para ablandar los bronquios y otras tres cosas de nombre endiablado (cada día) sin contar una cápsula pulverizadora de adrenalina que llevo en el bolsillo para una emergencia. Así puedes figurarte que hay días que no puedo ir a clase. Sin embargo, cuando voy nadie se da cuenta de que no estoy en pleno uso y función de mi manera normal de actuar (trabajar). Anoche mismo (todos los martes), después de un seminario de dos horas y media, fuimos cuatro profesores (dos jóvenes matrimonios) y yo a cenar, y allí, tomando algunos vasos de whisky (que hacen subir la presión arterial), me sentía casi bien, con la charla y la atmósfera amable.

Pero no valgo un ochavo, aunque trate de convencerme de que soy todavía joven. El último fin de semana vino de San Diego mi «ex-wife» (divorciados desde hace nueve años, después de diecisiete de matrimonio) a quedarse conmigo cuatro o cinco días, y me ha ayudado mucho. Ella quiere siempre venir. (Yo no he peleado nunca con ninguna mujer de las que he querido.) Y todas dicen (perdona la tonta vanidad) que el tiempo que estuvieron conmigo fue el único feliz de su vida. Pero así y todo tú sabes lo difícil que es la convivencia. En todo caso, si no me siento mejor mañana jueves, la llamaré, y vendrá el viernes para pasar el fin de semana conmigo. Hace de enfermera y lo hace bien.

Hace dos días que me siento mejor. Un médico nuevo que ha cambiado la medicación drásticamente. Yo leí el otro día, por casualidad, en un autor latino (Tácito, ediciones Aguilar, página 218) que las enfermedades antiguas y muy arraigadas no ceden sino con tratamientos violentos y casi brutales. En eso estamos, y de veras parece que es verdad, al menos estos dos primeros días. Veremos si la cosa dura. Entretanto, hago la vida casi regular.

No trato de buscar tu compasión ni de conmoverte, pero algunas noches salgo a una terraza apoyado en un bastón y arrastrando los pies (desnudo de cintura arriba) para encontrar alguna facilidad respiratoria en el frío. El frío en la piel me ayuda.

¿Por qué te digo todo esto? Pues... es mi problema, querida Carmen. Y estoy solo. Mi niña en Nueva York (no hay quien la saque de allí, donde tiene todos sus amigos y relaciones de trabajo y un bonito piso en propiedad), mi hijo en San Francisco («leader hippie» que me ha enviado el mes pasado una foto de su «compañera» dando a luz —saliendo el bebé de la vagina—) y me dice que lo llaman «Sun Ray» (Rayo de sol). Tiene otros hijos con dos esposas (legalmente esposas) anteriores. Y aunque ha tenido ofrecimientos de algunas universidades (New York University recientemente) de doce mil dólares de sueldo para enseñar música sinfónica moderna (con elementos electrónicos) —él tiene un doctorado en eso y ha tenido un par de premios nacionales— él prefiere vivir como Gandhi en una choza fabricada con sus manos y en una colonia de tipos como él.

Y su padre solo, consumiéndose en su temprana vejez y escribiendo novelas absurdas. Y dando clases cuando puede decir más de tres palabras seguidas.

Perdona que te hable tanto de mí, pero creo que es necesario. Querría volar ahí, pero no creo que sea posible, a no ser que mi estado mejore mucho. Estoy esperando la vacación para dejar todas las actividades y tratar de recuperarme.

Yo sé que si estuviera en España rodeado de mis gentes, viéndote a ti a menudo, hablando como nosotros hablamos en nuestro idioma y de las cosas que solemos hablar («ex abundantia cordis»), tal vez me curara. Lo peor de todo esto es que, según dicen, uno puede vivir cien años (¡qué horror!) con el asma.

¿Te he dado la lata bastante? Lo siento, pero cuando eche esta carta al correo y piense que tú la vas a leer me sentiré un poco mejor.

Tuyo,

RAMÓN

Se me ocurre pensar si te interesaría que hiciera una gestión pidiendo un contrato para ti en alguna universidad (tal vez en la mía). Podrías pasar un año como «visiting professor». O tal vez tomar mi puesto, ya que no espero trabajar sino este año. (Quieren que siga, pero me aburre y fatiga, y sólo me gusta por la dimensión social, es decir el charlar con los estudiantes en las clases.) Si quieres puedo hacer la gestión. Tú como escritora les interesas mucho a todos. Creo que en un lado u otro —si lo quieres— puedes tener un empleo fácil. Dime algo concreto de esto.

Para mí sería encantador.

Yo no tengo importancia en la cosa administrativa para dar puestos, pero puedo hacer la gestión si tú me autorizas. Cerca de mi casa hay un «college» católico (autorizado para grados universitarios) de monjitas que se darían con un canto en los dientes si te tuvieran a ti en su facultad (de eso estoy seguro), pero pagan poco. La ventaja es que no hay formalidades académicas (reuniones administrativas, etc). Y desde luego, con lo que pagan se puede vivir, y además si era necesario yo te ayudaría con mil amores.

[Manuscrito:] Y es cerca de mi casa.

R.

41. — A Carmen Laforet

10 [de] dic[iembre] de 1970

Carmen querida,

Te escribo hoy otra vez, primero porque me gusta, y luego porque tal vez estando un poco demasiado sola en Alicante te gusta recibir correo.

Quiero decirte, además, que eso de que el padre no pinta nada no lo decía pensando en tu marido (a quien con tanto tesón y tan admirablemente defiendes), sino en general. El hecho es que, cuando en una familia muere la madre, la familia va desintegrándose poco a poco hasta dejar al padre solo. Si el que muere es el padre, la familia se agrupa más alrededor de la madre y no se disuelve nunca. Afortunadamente, nada de eso sucede en vuestro caso.

Como no tengo el gusto de conocer a tu marido ni a tus hijos, paso por tu palabra en todo lo que sobre ellos me dices. Estoy seguro, además, de que tienes razón.

Supongo que tu trabajo avanza. Tienes un gran talento y, naturalmente, debes usarlo (quiero decir que deberías publicar más). Además estás en plena juventud y en gracioso dominio de tus fuerzas.

Yo voy declinando a partir de este año.

Tengo un médico nuevo desde hace unos días y parece que estoy un poco mejor, pero con altibajos bastante incómodos. Pero hablar de la propia salud es casi una obscenidad, y si yo hablo de la mía, es porque, como creo que te he dicho alguna vez, más que una enfermedad es una especie de maldición gitana.

Ayer te hablaba de la posibilidad de que vinieras por aquí. Claro, la idea es encantadora (para mí), pero tu niña Cristina, y ahora tu hijo (el que está estudiando en esta USA), saben bien que la vida es en América muy diferente que ahí. Quizá América es un poco el mundo del futuro, un poco deshumanizado, con reacciones automáticas y sin «esencialidad». Nosotros preferimos todavía al hombre-hombre y a la mujer-mujer, y buscamos la amistad-amistad y el amor-amor.

Sin embargo, tal vez podría ser una experiencia interesante para ti (despertaría zonas nuevas en tu manera de sentir, tal vez). En fin, nada se pierde en la naturaleza ni en el orden de nuestras emociones. Si en principio aceptas la idea, dímelo cuanto antes, y haré las gestiones que estén a mi alcance. A mí sólo se me ocurre que el hecho de que en este momento llamaras tú a la puerta sería una maravilla.

Pero comprendo que todo eso es egoísta.

Insisto en que me consideraré honrado si me dices que quieres alguna clase de ayuda. Si no me he adelantado a dártela, es porque esa clase de ayuda le da a uno autoridad moral sobre la persona «ayudada», y no me atrevo a crearla, esa autoridad. Tú me entiendes. Soy todavía demasiado español (lo seré siempre, ya) y a veces me parece un poco bobo, pero no tiene remedio.

Piensa alguna vez en mí cuando corres por la playa y oyes lejos las gaviotas y ves pasar las nubes levantinas, grises, no tan oscuras como las del Pacífico. Aquí son plomizas. Piensa en un amigo lejano que no es feliz.

Como algo tengo que hacer, he escrito otra novela (*La Antesala*) que saldrá, no sé cuándo, no sé dónde. Antes saldrán otras cosas viejas en Destino. Y una nueva en Planeta. Trabajo como un idiota irresponsable. Pero ya digo, algo hay que hacer.

Te envío un abrazo lleno de ternura y de los mejores deseos para ti y los tuyos,

RAMÓN

42. — A Carmen Laforet

University of Southern California - Spanish Department Los Angeles, California 90007

29 [de] dic[iembre] [de] 1970

Muy querida Carmen,

He estado una semana en San Diego con antiguos amigos y al volver encuentro tu carta. No sé si te dije que la idea de que tus hijos quieran llamar Valentina[44] a su primera niña me conmueve. De veras aquella niña era el único ser humano que he conocido que fuera digno del inmenso prestigio del amor, es decir que justificara todos los sueños y todos los sacrificios y generosidades y heroísmos con los que soñamos a veces. Murió en los años 40. ¿Por qué han de morir esas obras perfectas de Dios?

Cuando veo cómo gozas de tu soledad, pienso que tal vez ése era tu estado natural cuando eras niña y adolescente. Siento una mezcla de pena y admiración. Yo no sé estar solo. Es decir, solo con una mujer a quien quiero, sí. Pero no tengo ninguna. Tengo tres sustitutivos: mi «ex» y otras dos amigas. Alguna de ellas viene por las tardes y comemos en casa o las llevo a alguna parte. Otras veces voy yo invitado a alguna

44. Como ya mencionamos, Valentina es también uno de sus personajes en *Crónica del Alba.*

casa. Si me quedo todo el día en la mía, ni lecturas, ni trabajos, ni meditaciones budistas, ni reflexiones cristianas me salvan. Otra vez admiro tu soledad (es decir, tu valentía). Yo no soy —creo— cobarde en otras cosas, pero si me quedo solo puedo aullar en la noche como esos lobos de las leyendas o, por decirlo menos románticamente, como los perros abandonados. La soledad me hace religioso. Podría ser un cartujo (nunca un beato o un cura de parroquia, tú me entiendes).

Espero tu aviso para hacer las gestiones necesarias aquí en relación con tu viaje y tu empleo de profesora. No creas que el idioma sea necesario —el inglés—. En esas clases se habla siempre en español, porque son clases de alumnos avanzados. Si tú estuvieras aquí, yo creo que no tendría asma. A propósito, escribo a tu hermano diciéndole lo que me pasa y lo que tomo.[45] Naturalmente sus cartas serán prácticamente como consultas y además estaré de veras agradecido a sus consejos. Aquí los médicos tratan a sus pacientes como los que reparan coches o bicicletas. Mecánicamente, y sin el menor interés en las vidas ajenas. Bien es verdad que la falta de sentido de esencialidad en lo que hacen les hace a ellos mismos bastante daño, y la mayor parte se mueren antes que sus peores enfermos, aunque sean más jóvenes. (A mí me ha sucedido con tres de ellos.)

No entiendo tu «caso» (perdona que hable así) familiar, y naturalmente no tengo ninguna curiosidad por saberlo en todos sus detalles. Me basta con saber que no os entendéis tu marido y tú, y que en tu apartamiento puedes sentirte a veces incómoda. (No desgraciada, ya veo. Gozas de tu soledad como una niña con un vestido nuevo.) Dios te bendiga. Mereces toda la felicidad del mundo por tu talento, tu gracia natural y tu discreta manera de llevar tu papel en la sociedad. Digo, tu manera apasionadamente inteligente de sentirte madre. Supongo que tus hijos te adoran. Feliz tú. Los

45. Sender se refiere al hermano menor de Laforet, Juan José, quien es médico endocrinólogo en Las Palmas.

míos me toleran. Ellos creen que me quieren mucho, pero lo único que percibo yo es su tolerancia distante. Tú puedes imaginar, con mi carácter secretamente apasionado (silenciosamente ardoroso, o cosa así, que dicen los vascos).

Sí, recibí el recorte sobre aquella mujer fugitiva y me dio tanta pena. Tú sabes, yo soy un idiota. Siempre me pongo del lado de las mujeres... ajenas. Sé que son la mayoría de la piel del diablo, pero también creo que es casi siempre por culpa nuestra. Mi único timbre de gloria es que todas las mujeres que me han tratado (sin una sola excepción) dicen de mí maravillas y declaran que fue la mejor época de su vida la que vivieron conmigo. Dirás que soy un presumido. Pero la verdad es que merezco esas opiniones. A todas las he querido. Con todas he sido apasionado y tierno. Incluso con aquellas que no quería, porque a esas mi cuerpo les agradecía y les agradece todavía en el recuerdo su generosidad. Siempre he creído que la mujer que se acostaba conmigo me hacía un favor. Aunque con alguna he podido ser de una crueldad defensiva, un poco feroz. Tú entiendes.

En todo caso, la vida es una maravilla que ninguno de nosotros merecemos, y que gozamos vorazmente. Aunque tú vas a burlarte de mí el resto de tu vida voy a decirte una cosa que es la pura y simplicísima verdad. Soy un santo un poco raro. (Pero UN SANTO, de veras.) Un santo del género fornicatorio. Eso es lo que trae ahora a mal traer con el asma. Pero cuando me dejo ir con mi santidad, paso tres o cuatro días sin molestias y respiro como un bebé.

Creo que estoy conociéndote a ti en estas cartas de ahora. Tú eres nerviosa, clarividente, impaciente (esto quizá porque estás ahora trabajando mucho) y encarada con el futuro (no con el pasado, como la mayoría de las mujeres). Sigo creyendo, a pesar de lo que tú dices, que en nosotros una cierta tendencia sádica (moralmente) es permisible, o disculpable, porque nos viene de milenios y no podemos remediarlo. Una lagrimita en unos ojos lindos nos enardece físicamente, a pesar de todos los prejuicios en contra. Y a la mujer una cierta violencia agresiva en nosotros le gusta.

Hace poco, en una revista de las que hacen los estudiantes en el campus, los chicos hicieron una encuesta entre las chicas y un setenta por cien de ellas declaró que prefería para el amor el gorila. Las otras, el ángel. Las del gorila eran las del masoquismo. (Tal vez las otras tenían cambiado el papel y eran sádicas.)

Como te dije, yo habría corrido ahí de haber podido saber la cosa con algunas semanas de antelación. Porque la noticia me llegó en un momento de crisis lamentable (tuve que ir a San Diego para salir adelante). Ahora estoy bien, y las vacaciones acaban. ¿Por qué no eres tú —joven, fuerte y bonita— quien viene aquí? No tenemos aquí consejos de guerra, ni gloriosas tradiciones bélicas que cantar, ni dogmas sagrados que venerar, ni siquiera censura de libros que sufrir.

Esa mujer que se escapó de su casa sin saber a dónde ir, ni qué hacer, parecía un personaje de Kafka (esos son los personajes épicos y trágicos de nuestro tiempo, esos que son criaturas del desconcierto, y que sufren todos los pesares de un infierno que está aún por inventar).

Espero que nunca los sufras tú, y entretanto, sabes que te quiere muy de veras tu

RAMÓN

43. — A Carmen Laforet

University of Southern California - Spanish
Los Angeles, California 90007

14 [de] enero [de] 1971

[Manuscrito de C. Laforet: Contestada día 20]

Carmen querida,

Te contesto a vuelta de correo, pero no te sientas obligada a hacer lo mismo. Estás trabajando mucho en tu libro (más o menos a plazo fijo) y la sola idea de que veas una carta más entre las que recibes, y esa venga de Los Ángeles y te ponga una lucecita en los ojos me parece encantadora. Quiero decir que a lo mejor te escribo otra vez mañana. Mientras estés sola, aunque goces tanto de tu soledad, supongo que el correo es un aliciente más.

No, te insisto que no tengo ya curiosidad alguna por «tu caso», ya que mi curiosidad consistía en tratar de entender «tu falta de felicidad», porque entendiendo, esas cosas disminuyen, y a mí me dolía también. Pero cuando veo que eres feliz, que estás «reintegrada» y entera en tu manera nueva de vivir, ya no hace falta saber más.

Todo lo que hay que hacer es esperar tu libro, y cuando esté en pruebas leerlo y ver qué editor de Nueva York podría interesarse (lo malo es que para esa gente lo estrictamente literario carece de valor, sólo piensan en el número de ejemplares que van a vender. Lo curioso es que aquí se vende todo con una publicidad adecuada, pero no quieren hacerla sino con cierta clase de libros. Ojalá el tuyo sea uno de ellos. En todo caso, allí o en Londres habrá un editor bastante inteligente para interesarse).

La curiosidad cancelada por «tu problema» se ha ido transfiriendo a tu manuscrito. Ya sé que resulta odioso hablar de lo que estamos escribiendo, así es que no me digas nada. Pero repito que Lara debe mandarme pruebas de galeradas, y que me gustará enormemente ser el primero que lo lee y el primero que escribe sobre él.

Tienes mucho talento, niña bonita. (Talento aparte, ¿tú sabes que tu mayor atractivo —digo, en cuanto a la personalidad exterior o visible al primer encuentro, que es lo que siempre cuenta más— es ver en tu expresión, viva y latente, una luz de infancia como cuando tenías diez u once años? Es milagroso y espero que no la perderás nunca. Despierta una ternura inmediata. Al menos en mí, que soy mucho más viejo —que podría ser, como se dice, tu padre.)

Hablando de otra cosa, cuando pienses venir aquí para una «tournée» de conferencias, desde ahora puedo prometerte tres en otras tantas universidades de aquí, y gestionándolo con algún tiempo muchas más (dentro de California). En el «East» y en el centro del país será lo mismo, porque te conocen en todas partes y te admiran. Como va a haber tiempo, puedes organizarlo todo de antemano y si no tienes otra persona que lo haga, yo lo haré (no soy muy bueno como promotor, pero haré lo que pueda, y al menos lo haré con entusiasmo).

Lo que te había dicho de un «college» de monjas cerca de mi casa se refería a un «college» de lujo con un campus hermosísimo; y las monjas son tan liberales que, cuando me piden que vaya a dar una conferencia, para que acepte me hablan de lo conveniente que es siempre para los intereses religiosos la separación de la Iglesia y el Estado, y si eso no basta, me hablan mal del césar que tú puedes imaginar. A mí todo eso me hace gracia (digo, oyéndolo de las monjas).

Tengo curiosidad por ver si se nota en tu nuevo libro tu nueva sensación de libertad interior. La verdad es que no te hacía falta para conseguir novelas estupendas. Tienes la imaginación liberada por la fuerza de tu talento natural, cosa que no les pasa a otros escritores de ahora que no se pueden comparar contigo y que tienen la imaginación esclavizada a lo convencional vulgar y a lo 'necesario' (el pan, el hombre, el decoro, los respetos sociales, la importancia profesional, etc., etc.). Tú estás liberada de todo eso. Desde tu primer libro estabas ya liberada, y de ahí tu fuerza. Ahora tengo curiosidad. Aunque, como te digo, no creo que puedas mejorar lo que has hecho de mejor, aunque sí intensificarlo y darle dimensiones más (por decirlo como los críticos) universales. Esto no sé cómo explicártelo yo mismo. Quiero decir, que sintiéndote con libertad interior y exterior (como Santa Teresa, tú eres andariega, aunque nunca distraída, según la acusaba un obispo). Pero puedes ser ocasionalmente más «concentrada», en cuyo caso harás, como Santa Teresa, milagros —en lo nuestro. Al fin, ella era también escritora. No sé si me explico. Tú suplirás con tu hermosa intuición la habilidad de expresión que a mí me falta.

No he escrito a tu hermano porque releyendo tu carta comprendí lo que tú me dices después en la que ha llegado hoy. Si voy allá, lo que es más que posible, aunque no antes de julio, iré a verlo enseguida. Por el momento me encuentro menos mal. Dejé de fumar (fumaba puros respirando el humo —!!!—) y tomo algunas cosas que curarían o matarían a un caballo. Vamos a ver. Por el momento, como te digo, me encuentro mejor. Pero a veces hay tormentas de invierno aquí, con presiones raras en el aire, y eso influye en mi ridículo sistema nervioso. Sin embargo, nadie se da cuenta de mis rarezas. Alguna vez, en un seminario, saco un aparatito del bolsillo (que cabe en mi mano cerrada) y hago una o dos inhalaciones que abren mis cansados bronquios. Y vamos marchando.

Sí, todo lo que dices en tu carta lo creo yo también. A veces me extraña verte tan sabia y experta (porque, cuando te recuerdo como persona física, olvido las novelas tuyas que he leído, en las que se ve toda la sabiduría del mundo) y lo que mejor recuerdo es la luz infantil que conservas en tu cara (la de los 10 o los 12 años). Y tu sabiduría en materias graves como las que tratamos me asombra y me encanta. Lo mejor de tus cartas últimas es —como en tus novelas— que siempre encuentras una disculpa para los hombres, aunque seamos «malos», y sin embargo, o por eso mismo, eres severa con las mujeres. Creo que era George Sand quien decía: «Lo que más amo en los hombres es que no son mujeres». Lo que tiene cierta gracia boba y sabia a un tiempo.

¿Quieres tú creer que a mí me pasa lo mismo —al revés— con las mujeres? Siempre les encuentro alguna disculpa. ¡Y mira que algunas son difíciles! Pero no sé qué pasa que nunca he podido guardarles rencor más de algunos meses. Tal vez a mí me han correspondido las mejores (entre ellas ha habido alguna grandísima p...ecadora) como puedes imaginar. Pero frecuentemente era culpa mía.

Te envío mi amor de viejo amigo que te admira, y que desea saber que eres feliz,

RAMÓN

44. — A Carmen Laforet

University of Southern California - Spanish.
Los Angeles, California 90007

27 [de] enero [de] 1971

Muy querida Carmen,

Creo que comienzo a ver claro. Y te envidio, de veras. Esas tres maravillas de la vida que son libertad-amor y sentido de lo divino van juntas para ti y te hacen feliz. No amor sexual necesariamente (eso es sólo un incidente —encantador, claro— del glorioso amor que mueve a las estrellas, como dice Dante). Sí, yo veo las cosas igual, pero sólo en la mente. Tú tienes la ventaja (no rara en las mujeres) de hacer parte de tu vida total —incluso física— la vida intelectual. Como Santa Teresa. Yo lo veo muy claro también. Pero, a pesar de eso, puedo pasar por grandes crisis de no sé qué.

Supongo que es porque no me avengo a ser viejo.

Mi asma va mucho mejor. A veces creo que estoy curado o en vías de. Tengo un amigo médico que no cree en la medicina (suelen ser los que me gustan a mí) y siguiendo mis sugestiones, es decir, escuchando mis ideas sobre mí mismo, parece que me está curando. Respiro y duermo muy bien, y hasta ahora no siento efectos contrarios. Y sólo tomo media tableta tranquilizante diaria. Creo que voy a suprimirla también. Gracias por lo que me dices de tu hermano, y, si voy a

Canarias, uno de los alicientes será saber que, en caso de necesidad, podré recurrir a él. Lo que me dices de la convención en Hungría me parece magnífico.

No me parece tan bien tu modestia —en relación con el libro nuevo—. Eres una escritora de primerísimo orden. Mucho mejor novelista que yo, que cuando trato de hacer psicología me voy sin querer por la tangente lírico alegórica. Es verdad que en la vida me pasa lo mismo. Pero es inevitable, porque va con la naturaleza de cada cual.

Soy tan religioso como tú —creo— pero tengo esa desventaja que te decía. Mi fe no me da alegría. No me sirve para nada, aunque supongo que sin ella mi vida sería mucho peor. Hay una mujer hispana que viene dos veces por semana a limpiar la casa (trabaja dos horas sólo, porque es un apartamento pequeño). Le doy seis dólares cada vez (cinco por su trabajo y uno para transportes), y ayer me dijo que la semana próxima no podría venir, porque se «retira» a hacer ejercicios espirituales en no sé qué convento. Yo le pregunté si pagaba algo por eso y resulta que esa pobre mujer que vive sola (cincuenta años) por ahí, en un cuarto miserable (a juzgar por lo que paga de alquiler), se mata fregando suelos para llevar el fruto de su sudor y de su miseria a la iglesia. Son doscientas de esas «asistentas» que pagan cada una 2,50 diarios por oír a un cura ignorante hablar de las penas del infierno. Eso es indignante. Yo le dije: usted no necesita esas cosas. Su pobreza resignada es su oración, y si alguien va a ir al cielo, será usted, con ejercicios espirituales o sin ellos. El que no irá será el cura que les cobra esos dólares. Pero no quise insistir, porque la pobre no tiene otra cosa en el mundo sino su fe, un poco tonta, en la que se apoya como en una muleta para seguir marchando (ni marido, ni hijos, ni nadie). Esto es sólo un ejemplo mínimo de los mil que nos ofrece la realidad de cada día en esos niveles. A mí me gusta la religión a la manera de Santa Teresa, San Juan de la Cruz y, sobre todo, San Pedro de Alcántara, que a veces me obsesiona. ¡Qué maravilla! He pensado a veces en hacerme cartujo. (Nunca podría ser un cura párroco.) Pero todavía la vida tira de mí hacia abajo.

Creo que en mis libros, a pesar de todos sus defectos, se ve algo de esa inclinación religiosa natural. He leído mucho sobre religión, claro. Pero no ha influido nada en mí. He llegado a conclusiones que parecerían heréticas a los curas ignorantes. No quiero hablarte de esas conclusiones, porque no quiero perturbar tu imaginación ahora que estás empleándola tan bien en tu libro. Hace tiempo envié un *Ensayo sobre el infringimiento cristiano* al cura vasco amigo tuyo y no volvió a escribirme. Tal vez se asustó.

Sin embargo yo soy muy cristiano a mi manera, y sería tal vez capaz de afrontar el martirio por ese cristianismo mío si llegara el caso. O tal vez me engaño y no sería tan fuerte.

Si no fuera por lo que sabes (por la razón de la sinrazón, etc., etc.), tal vez iría ahí de pronto. Me dan ganas de cerrar los ojos y meterme en un avión para Alicante. Qué buenas charlas tendríamos frente al mar cuando quisieras descansar de tu trabajo. Pero en la universidad creen que soy necesario. No creas que soy yo un buen profesor. No hago un examen aunque me ahorquen. Los días que no tengo ganas de ir al campus aviso a la secretaria y los estudiantes vienen a mi casa, y desparramados por el suelo (no tengo bastantes sillas) hablamos como en una buena tertulia madrileña de aquellos tiempos, y hasta les doy algún vaso de vino, que los chicos estiman mucho y las chicas no desdeñan. Yo sigo en la universidad porque me da una dimensión social que en USA es difícil de tener en la vida ordinaria. Aquí la gente sustituye con el cine o la TV la falta de relación social natural.

Yo necesito un mínimo de esa relación primaria y espontánea y desinteresada. Si Dios me diera alegría, no necesitaría nada más. Pero me ha castigado tanto (desde niño) que no sé a veces a qué atenerme, la verdad.

En estos días ha salido alguna reimpresión nueva, mía, por ahí. No he dicho que te las manden, porque no debes leer nada mientras trabajas en lo tuyo, que es lo que importa.

Por ahí hablan de lo que «yo he dicho» o he escrito sobre ir o no ir, y es mentira. Como algunas cosas confunden a algunos amigos, escribo a Lara aclarando todo eso. Si fuera ahí, iría, desde luego, sin decirlo a nadie, y tratando de pasar desapercibido. La dimensión «social» de nuestro oficio es por demás incómoda.

A través de lo que dices quiero a tus niños y respeto a tu marido. Hay nobleza en tus palabras y en tus actos, y no podría ser de otra manera, teniendo el talento que tienes. Ser malo supone una gran dosis de tontería, básicamente.

Por lo demás, la luz de los once años —en la cara— va muy bien con el pelo gris. No olvides que tu edad es «la edad corriente» y seguirá siéndolo muchos años. Además, tu alegría de Dios te mantendrá siempre joven. En cuanto a mí sé decirte que, viejo y feo, necesito una serie de circunstancias agrupadas para acordarme de que soy viejo. ¿No es estúpido eso? Creo que es el trabajo literario —otra especie de religión— que me mantiene sin vientre ni estómago y todavía con el espinazo erguido. Dios me asista.

Te envío como siempre mi cariño con los mejores deseos para tu obra y tu vida,

RAMÓN

45. — A Ramón J. Sender

[Primavera, 1971]

Carmen Laforet
General Rodrigo 3, 8° C (Rodrigo como el Cid)
Madrid-3

Queridísimo amigo: ¡Hoy llega tu carta con ese retraso gracias al inexistente General Rodribo! Mi letruja —que procuro hacer más clara ahora— tuvo la culpa. Tampoco sé quién es el General Rodrigo de la calle en que vive Cristina: pero es ése.

De todas maneras iba a escribirte enseguida. Estuve en París. Estuve en Zaragoza. Volví hace dos días... Y por primera vez en varios años arranqué a trabajar como una auténtica obrera sin el «tic» de romper y romper: esa especie de enfermedad a que me habían conducido muchos «machaqueos» durante muchos años. Escribo ahora — desde hace muy poco — un artículo diario y en forma de «diario».[46] Esto ya no es el trabajo penoso e imposible; es algo que me ayuda a remontarme, a volver a sentirme yo misma y a vivir: y ahora podré escribir la novela... sin romperla. Querido Sender. Yo no puedo ni debo explicarte por escrito mis cosas. Te las diré cuando nos veamos. Es algo mucho más hondo que la

46. Laforet debe hablar del inicio de los que serían sus artículos en *ABC*, titulados «Diario de Carmen Laforet», cuya primera publicación no es hasta noviembre de 1971.

política (la fisura encontrada: yo no soy persona de discusión política porque de eso no sé) y que abarca todo: un envenenamiento de la personalidad por confusión mía, culpa mía de origen. ¡Pero qué horriblemente he pagado! Ahora me voy reponiendo. Vuelvo a vivir (aparentemente haciendo lo mismo que siempre: no se trata de gestos, ni «pecados», ni nada de eso) pero siendo yo... Y vuelvo a tomarle gusto al hecho de escribir mis cosas sencillas. (Hacía años que no sentía ese gusto de escribir.) ¡Por mí no te preocupes! ¡GRACIAS! Me fui sin dinero: no podía escribir ni un artículo y no cobraba mis derechos de autor hasta febrero. Pedí mientras un pequeño préstamo: Ya lo devolví. Y me iré arreglando cada vez mejor. ¡Aunque no hubiera vuelto a escribir hubiera hecho otra cosa cualquiera! Manolo gana lo suficiente ahora para los chicos y no sólo eso: sólo se tiene que preocupar de dos; las chicas todas ganan (las dos solteras) más de lo que yo he tenido al mes para mí esta temporada pasada, cada una de ellas. ¡Y para mí sola! ¡Bueno! Nada me importa. Pero sé que podré alquilar la casa de campo, invitarles a todos, cuidar a Cris después de que tenga el chico. He ido a París... Todo llega. Y si escribo (como ya veo que sí), todo se me arreglará. Cuando llegue el momento de mi viaje americano, (no voy por curiosidad política si no por curiosidad de exploradora, y, si voy, querré ir a todos los países que puedan pagarme el viaje con conferencias: ¡Todos!), cuando llegue ese momento, yo creo que estaré muy bien. Si no llega, no importa. También puedo ser exploradora aquí... Querido Sender, cuánto me alegra tu viaje a México. Si vives como te es necesario vivir y después te cansas ¿qué importa? ¡Los jóvenes son flojísimos a veces, y parece que la juventud del mundo en general toma muchísimos más tranquilizantes que toda la edad madura del mundo! Me gusta que te guste Allende. Guardo tu carta para que la lea mi hijo (el que está en América) que también es entusiasta. Yo sé lo que no me gusta en política. Pero no soy política: no sé qué es lo que puede gustarme y no decepcionarme políticamente. Pero me gusta que a los hombres que yo quiero (mi hijo, tú, etc.) les interese y «vean» y hagan surcos en ese mar. Y me lo escriban. Cuando me ponga tan buena de espíritu que pueda hacerlo, ¡a lo mejor me entusiasmáis con vosotros![47]

¡Con mucha admiración, amistad, cariño!

CARMEN

Y gratitud por tu ofrecimiento. Sé que puedo contar contigo. Y ¡he contado! Aunque no haya hecho falta al fin. (En sentido económico se entiende, en lo demás, siempre me haces FALTA.)

47. Frase incorrecta en términos gramaticales que transcribimos directamente del manuscrito.

46. — A Carmen Laforet

23 [de] junio [de] 1971

Querida Carmen,

Paso unos días incómodos (médicos, drogas y, además, trabajo). Me siento culpable recordando tus dos cartas últimas. Pero quiero decirte que envié mi novela a Planeta (la dedicada a ti) y acabo de devolverle el contrato firmado.[48] Supongo que no tardará mucho en publicarla. Y me gustará saber que no te ha aburrido demasiado.

No tengo idea de cuándo esperáis el bebé de Cristina. Ya me dirás. Será un gran acontecimiento, aunque sólo sea por tu debut como abuela (!!!!), que maldita la gracia que suele hacer a algunas, aunque naturalmente a ti te encantará. Y no habrá abuela más humorística en el mundo, con tu cabeza juvenil y tu garbo adolescente.

Yo soy abuelo varias veces y confieso que me incomoda un poco cuando me detengo a pensar. Los nietos pueden ser encantadores (eso es aparte), pero el hecho de ser abuelo es un poco deprimente, denigrante y malvahío, como dicen los gitanos (malvajío). En fin, tú gozarás mucho con eso, porque eres una gran gozadora de las cosas de la vida (muy vital) y porque además debes ser una madraza con tus hijos, y,

48. R. J. Sender dedicó su novela *El Fugitivo* a C. Laforet que Planeta publicó en 1972.

como es natural, lo serás más con los hijos de tus hijos. Yo aspiro a ser un abuelo honorario [Manuscrito: de tu nieto o nieta, sobre todo si ésta se llama Valentina], ya que vine al mundo demasiado temprano para pretender haber tomado en su día el puesto del que será felizmente (para sí mismo) el abuelo legítimo. Y Dios sea con todos.

Me cambié otra vez de casa. Están derribando casi todas las de mi barrio para hacer un parque inmenso alrededor de la Universidad. Y si vieras, en 48 horas desaparece toda una manzana, y los escombros y las últimas huellas posibles, dejando el terreno allanado, como si nunca hubiera habido edificios allí. Ahora he venido a vivir a una casa donde viví hace cuatro o cinco años. «Air conditioned», otras comodidades, pero también provisional. De modo que es mejor que sigas escribiéndome a la Universidad.

Dime más de tus planes —sobre todo de los planes viajeros—. Y no olvides que todo lo que directa o indirectamente se relaciona con tu vida me es muy especialmente digno de atención. Sólo hay una cosa que me disgusta en ti: que escribes poco. Todos sabemos, y tú debes saber también, que tienes un gran talento. Hay poca literatura buena en España y fuera de España, y los que podéis hacer algo poderoso y original debéis hacerlo. Yo trato (de) a mi manera, también.

Estoy escribiendo otra novela. (Escribo tanto como Balzac en su tiempo, aunque no esté enamorado de ninguna polaca rica, ni tenga deudas que pagar a nadie, sino al buen Dios, que nos espera pacientemente, y a quien daremos cuenta de un modo u otro del empleo que hemos dado a nuestras capacidades.) Yo soy bastante religioso, como te he dicho a veces, pero A MI MANERA. ¿No es así como es religioso todo el mundo? La manera de Santa Teresa era muy diferente de la de Felipe II, y la de los dos, diferente de la de Miguel de Molinos y la de los alumbrados de Pastrana, de su abuelo (bisabuelo) Torquemada. Pero Dios es el mismo, inmutable, invariable, eternamente vivo en su esencialidad. Dios, que no necesita siquiera «existir» para ser y para actuar universalmente.

Perdona estas salidas raras. A veces hablo con Dios por los pasillos de mi casa o en el baño o acostado. La verdad es que debe ser achaque de vejez. Recuerdo que mi abuelo tenía ya 97 años, y estaba sentado en un gran sillón y callado por horas enteras, pero a veces se ponía a reír y yo le preguntaba: «¿Por qué te ríes?». Él decía: «Es que Dios se ha olvidado de mí. Todo el mundo se ha muerto en mi generación, y casi todo el mundo en la siguiente, y aquí estoy. Y le estaba diciendo a Dios: ¿es que vas a dejarme para simiente?». (Los campesinos dejan para simiente las hortalizas y frutas que no se cosechan, de modo que puedan dar las simientes netas y limpias, y éstas ser sembradas y dar buenos arbustos o árboles nuevos.) Yo no soy tan viejo (sólo 70 —nadie me daría más de 69) pero también a veces me atrevo a decirle cosas a Dios.

Qué bueno sería que estuvieras tú por aquí —cerca de mí. Porque a veces me siento tan perdido en cuanto a relaciones humanas que me daría con la cabeza contra las paredes. No hay a mi alrededor (con excepción de dos o tres personas, más bien sólo dos) nadie con quien hablar. Y a veces no puedo aguantar a la gente de vista corta y les digo impertinencias. ¿Será la vejez, también?

Como ves, te escribo sin recato, te cuento todo lo que me viene a la imaginación, aunque no venga a cuento. ¿Te molesto? Pero, ¿no son para eso —para ser molestados—, los amigos a quienes queremos de veras? (Menos tú, a quien quiero de verdad y admiro, y por quien haría con gusto lo que pudiera, si eso te hacía más feliz, o menos incómoda, suponiendo que lo estás alguna vez.)

Os envío dulces abrazos a ti y a los tuyos. De tu marido hace muchos años que no sé nada. No tengo sino relaciones comerciales con Novelas y Cuentos, y a veces pienso que hago mal, porque se portan bien conmigo y tu marido fue generoso (escribiendo cosas amables sobre mis pobres libros).

Abrazos otra vez,

RAMÓN

47. — A Carmen Laforet

22 [de] agosto [de] 1971

Querida Carmen,

Te felicito por tu primera nietecita, aunque supongo que esa alegría tiene alguna clase de contraefectos (así dicen aquí con las medicinas) y supongo que los llevas bien.

En cuanto a colaborar, por estos barrios las pocas revistas que pagan (en español) están en Buenos Aires, donde el peso argentino está mucho más bajo que la peseta en relación con el dólar. Los tiempos en que se podía vivir con un artículo mensual en *La Nación* o *La Prensa* de Buenos Aires pasaron para no volver. Todo, por esos países sudamericanos, apunta al socialismo, ojalá venga sin sangre ni violencia (estilo Chile).

Lo que puedo proporcionarte sin duda es una colaboración en A.L.A. (American Literary Agency) de Nueva York. Pero es una cooperativa y pagan al colaborador según los diarios o revistas que se suscriben. Podrías tener dos o tres artículos mensuales. Pagan poco. Sin embargo, ahí colaboraron Gómez de la Serna, Antonio Espina, y colabora todavía Madariaga. Como hay pocos diarios suscritos a mis artículos, yo recibo 32 dólares por cada uno, es decir, 64 al mes. No es nada y si continúo colaborando es porque el que montó la agencia es un antiguo amigo mío de antes de la guerra civil (Joaquin Maurín). La agencia tiene un carácter moderadamente conservador. Si crees que vale la pena escribiré a Maurín, y es seguro que te encargará algún artículo y lo ofrecerá a sus clientes. Tal vez te paguen más que a mí. Yo —insisto— escribo para A.L.A. por ayudar a Maurín, que las pasó negras ahí (diez años condenado a muerte y esperando la ejecución). Sin embargo, es el hombre mejor «organizado» —con los nervios más seguros— del mundo.

Te envío un chequecito para contribuir a la orgía familiar de Cercedilla. Aunque el cheque es del Banco de Aragón lo pagará el Banco Central, que es el que se ha hecho cargo de su cartera. Así ha sucedido al menos hasta ahora.

¿Cuándo vienes por estos barrios? Temo que en algún sentido ese viaje va a ser decepcionante. El mundo va más deprisa cada día, y el orden tradicional, en el cual las «visitas literarias» y las conferencias eran algo importante y valioso, está pasando rápidamente. Date prisa o llegarás tarde. El caos que suele acompañar al tránsito desde un régimen a otro se acerca, y en realidad está ya presente y gran parte del continente de habla hispánica (Brasil, Uruguay, Argentina, Colombia, principalmente, y otros países de Centroamérica, especialmente Guatemala)...[49] No sé si tienes color político. ¿Socialista cristiana? Yo creo que soy una especie de anarquista órfico y neo-cristiano reformado. Un caos en mí mismo, aunque yo me entiendo bien.

Abrazos,

RAMÓN

49. Frase sin terminar en el original.

48. — A Ramón J. Sender

26 de agosto [de] 1971

¡Queridísimo amigo! Me ha emocionado mucho tu esplendidez de siempre. Me ha emocionado porque has buscado y conseguido la manera más delicada y estupenda de ayudarme. ¡Gracias por Clara y por mí! De veras ha sido un regalo no sólo magnífico y totalmente inesperado, porque, aunque de sobra conozco tu esplendidez, no había motivo alguno para que la ejercitases así... ¡Sólo darme una alegría y una verdadera ayuda de gran amigo!

Me gusta y me interesa lo que me dices de la revista A.L.A. y de su organizador Joaquín Maurín, y las personas que ahí colaboran. Por lo que me dices y porque tú eres colaborador, sí me interesaría (si a ellos les interesara) enviar un artículo al mes o así. Pero me gustaría conocer la revista, por si encaja lo que yo pueda escribir o no. Mis artículos son interesantes. A veces me divierto con algunas cosas de aquí, pero no sirven esos en que así me divierto para fuera. Porque no se entenderían.

Ya sé que pasaron los tiempos del mito americano en artículos, conferencias, etc. Yo creo que aquí puedo conseguir algunas colaboraciones —siempre que no me salga de esa intrascendencia admitida— bastante bien pagadas. Pero A.L.A. me interesa por lo que es, y si te dije si sabías algo de por ahí era por eso, porque ahora que voy a hacer un plan de colaboraciones no me disgusta la idea de alguna fuera de España.

En cuanto a lo de las conferencias, no tengas cuidado. Ni por un momento pienso en un viaje triunfal, sino en un viaje de molimiento de huesos que me irá muy bien para vapulear mi mente, volver al revés los forros de los bolsillos y sacar polillas de la imaginación. No voy a enseñar nada, sino a aprender. Mi idea, al pensar en el viaje «morrocotudo» dando conferencias, no es volver a España ni con gloria (¡no se me ocurre tal cosa!) ni con dinero. Pero las conferencias deben servirme para poder pagar mi billete de avión o tren o barco o auto de línea, y un alojamiento aunque sea de un día, de país a país cercano, o de ciudad a ciudad, cuando se trate de USA... ¿Sabes? ¡Sólo eso...! ¡Que es muchísimo! Por lo demás, jamás he sido buena conferenciante (ni mala: no sé hablar y aunque a veces hablo, porque me aburre leer, no me gusta...), pero es la única manera de hacer eso: ese viaje que imagino incómodo y divertido.

De política, cero. Me uno a ti, anarquista órfico y neo-cristiano. En realidad quiero aprender algo en este viaje, quiero ver, desde ese punto de vista tan raro y pequeño que es el personal (donde se asoma uno solo a la ventana que le ponen delante),[50] lo que ocurre por el mundo ancho y en ese continente —el único posible para un conferenciante o conferencianta o, mejor aún, juglar de «Román paladino en el cual suele el pueblo fablar con su vecino» en lengua española—. Es eso lo que busco. Ir durante unos meses como aquellos tipos de la Edad Media que iban con sus romances de castillo en castillo soslayando la horca del señor feudal. Tengo una edad divina para que a ninguna clase de tupamaro se le ocurra malgastar una bala conmigo.[51] Por lo tanto, sí, voy a aprovechar la ocasión.

Ya te digo que lo haré —si estoy viva y sin huesos rotos antes de tiempo— entre primavera-verano, en ese caso comen-

50. Laforet ahora nos recuerda el futuro título del libro de artículos de C. Martín Gaite, *Desde la ventana*, 1993.

51. La autora va a cumplir sus 50 años; y por «tupamaro» comprendemos que se refiere al término sudamericano «túpac amaru», que coincide con un próximo título de Sender: *Túpac Amaro*, Barcelona, Destino, 1973.

zando por USA, para llegar a Argentina y Chile en el verano, que es allí invierno o lo contrario: comenzando por «abajo» en el verano de aquí —invierno de allí— para llegar a USA en otoño.

Ojalá te animases y organizásemos un grupo de juglares de esos. Sería muy divertido sabiendo que iba a ser muy molesto. Mi amiga Linka (con la que fui a Polonia) dice que le he prometido que iría ella también. Es una persona cuya amistad me divierte igual ahora que cuando teníamos 17 años. Y me gustaría. Pero no sé si llegando el momento se decidirá ella a dejar su negocio (que desea dejar, pero no puede) en las manos de sus colaboradores, con lo que se hundirá de una vez... Si lo hace y tú te encuentras con ánimos de una cosa así y traes a alguien más... ¡Sería como un disparate de los que Cervantes inventaba a veces! Esos disparates salen bien, al fin y al cabo: ¡Todos dando conferencias! Si no, yo creo que iré sola dando tumbos en mis vehículos, pero: muy formal, tratando de ver, de sentir, y de aprender todo lo que pueda, pero sin reírme tanto.

Claro que te veré. Eso sí. ¡Y me alegra! Con gratitud, con cariño,

CARMEN

49. — A CARMEN LAFORET

18 [de] sep[tiem]bre [de] 1971

Querida Carmen,

Vuelvo de Guadalajara (México) y encuentro tu carta simpatiquísima. Dos líneas, ahora, nada más, porque he encontrado una tonelada de correo, y mil pequeñas cosas que arreglar por ahí.

A.L.A. no es una revista sino una agencia literaria (American Literary Agency), que distribuye colaboraciones por todo el continente.* Supongo que te habrán escrito. El tono de las colaboraciones es discretamente conservador dentro de una tendencia general liberal. (Mente abierta, etc.) Porque los grandes diarios de Hispanoamérica que pagan en dólares son conservadores (pero a la americana, es decir tolerantísimos). Tú enlazas muy bien con todo eso, sin violentarte.

Supongo que te habrá escrito también el jefe del Departamento de mi Universidad porque quiere tenerte aquí en la primavera (cuando hagas tu tournée). Hablaré a algún otro amigo que puede decidir esas cosas en otras universidades, entre ellos a Barcia, de University of California, Los Ángeles, y a Palley, de Ervine University. También ellos te escribirán. Te pagarán bien, dentro de lo acostumbrado en estas cosas, y un poco más que a otros, incluso.

Te veo otra vez joven y casi adolescente, con un poco de

ese aturdimiento simpatiquísimo de Andrea en *Nada.* Tienen suerte los hijos tuyos de tener una madre así.

Yo no sé qué hacer. Hay días —y semanas— que no pienso sino en ir a España, y todo lo demás me parece ocioso y sin sentido. Pero luego pienso que allí mandan aún mis enemigos (los enemigos del alma), y aunque no creo temerlos personalmente, naturalmente eso es muy aleatorio y si ellos se sienten enemigos míos ¿qué puede uno hacer?

Querría yo volver ahí y que nadie me obligara a interferir con opiniones ni actitudes personales en el lío político (y tampoco en el lío literario, que es tal vez peor).

Abrazos a ti y a los tuyos,

RAMÓN

[Manuscrito:] *Copian nuestros artículos con «ciclostile» y los envían a sus suscriptores. Unos los aceptan y otros no. Los que los aceptan, pagan, y una parte (60%) de lo que pagan A.L.A. lo da al autor. Como el cambio de dólar está muy alto (en Chile creo que son 900 pesos y en Argentina por el estilo) no pueden pagar mucho, como te dije. Pero supongo que puedes enviarles alguno de los artículos que publican ahí.

50. — A Carmen Laforet

University of Southern California, Spanish
Los Angeles, California 90007

6 [de] oct[ubre] [de] 1971

Querida Carmen,

A.L.A. cree que no puede hacer gran cosa con tus artículos porque «Hispanoamérica en estos tiempos de crisis general y particularmente en los países en desarrollo está cada vez más verde y difícil. Lo siento de veras porque yo sé muy bien lo que ella vale —Carmen Laforet— y es lástima que no se le hubiese ocurrido venir a A.L.A. antes». Luego dice Maurín que habría que hacer una laboriosa promoción para conseguir suscriptores y que es ya viejo (78 años) y lo hace él todo. Y que se retira el año próximo. Yo estoy muy disgustado con todo esto, aunque sé que es la pura verdad. Menos mal, que parece que a ti no te importa gran cosa una colaboración más o menos.

Es malo entrar en la vejez, querida Carmen. Tiene uno que tomar cápsulas y tabletas para respirar y luego se pone nervioso, le tiemblan a uno las manos y las ideas sombrías vienen y van, de día y de noche, sin dejarle a uno verdadero sosiego interior. No es que tenga miedo. Pero mi falta de miedo no hace mejores las cosas, tú comprendes.

Pero es encantador verte a ti llena de ánimos, planeando la reconquista de América y buscando Pinzones y otros compañeros de viaje. Sackett (el nuevo «chairman»)[52] me dice que te pagarán el viaje desde la universidad anterior (que será sin duda Nuevo México o Arizona), y además, una cantidad razonable. Estoy seguro de que te ofrecerán por lo menos otras dos conferencias aquí (en otras universidades). También en San Diego. En fin, que volverás a España hecha una indiana y fundando hospitales.

Tuve una carta de Cristina, tan simpática como siempre, orgullosa de ser mamá (como es natural) y de haberte hecho a ti abuela (que es graciosísimo). Aunque a mí esas cosas maldita la gracia que me hacen (o me hacían). Parece que con vosotras es diferente. Sois más razonables en las cosas de la naturaleza, y a pesar de vuestra coquetería genérica, aceptáis los primeros nietos, y los segundos, con alegría. A mí eso de ser abuelo me da mal vahío (vajío, dicen los gitanos). Y no he podido comprender nunca por qué.

Aquí hace un otoño horrendo. Temperaturas obscenas, de 110 grados (no sé cuánto resulta con el cambio español en centígrados), y yo los días peores doy las clases en mi casa. Vienen los chicos y chicas y se sientan donde pueden (por el suelo, los más). Como tengo «air conditioner» no se quejan.

Supongo que Planeta estará a punto de dar *El fugitivo* dedicado a ti. No te digo que me digas tu impresión sobre la novela, porque no soy tan tonto ni tan vano (sé que me dirás que te gusta mucho). Pero me encanta saber que la leerás, y que a pesar de cierto vanguardismo te parecerá bien. Realmente —tú verás— es un poema. Si vale algo es por alguna dimensión lírica. Lo que quiere decir que ya no es una novela, ya que las novelas verdaderas tienen un fondo psicológico convincente, y un repertorio de emociones vivas y directas.

52. Theodore Sackett era el Director del Departamento de español de la Universidad del Sur de California a principios de los años 70, quien por medio de Sender le ofrece ayuda a Laforet en la coordinación de conferencias en universidades americanas. Como jefe y amigo de Sender también lo ayudó en su retiro y traslado final a San Diego, véase c. n. 52 y su anexo.

Te envío abrazos de los que harás partícipe a Cristina. En cuanto a tu nieta le beso el pie (nada más bonito que el pie de un bebé, ¿verdad?).

Otra vez abrazos,

RAMÓN

51. — A Ramón J. Sender

Madrid, 12 de octubre [de] 1971

Querido amigo: ¡Creo que me das con tu amistad, una suerte que no merezco!

Ah, no te preocupes en absoluto por lo de A.L.A. No... a lo mejor ni encontraba temas interesantes, ni nada. Después de mi «gran viaje» interamericano ya estaré más espabilada y tendré más temas... (supongo y espero). Tu amigo el «chairman», «Mister» Sackett, me ha dejado casi anonadada de gratitud. Se ha ofrecido a organizarme la gira nacional de conferencias por USA... Y yo he aceptado. Es decir, al mismo tiempo que te escribo a ti, escribo a Mr. Sackett diciéndole que acepto su generosidad al molestarse así. Y claro, con esto estoy segura (dentro de lo que podemos estar seguros los seres humanos)... (salvo catástrofes) de que iré. Si Mr. Sackett lo ve mejor en primavera, a partir de febrero, pues entonces. Y en ese caso creo que me sería más fácil comenzar por el este y terminar por California para pasar a Centro América... (Bueno, si arreglo eso de Centro y Sudamérica, que me parece que sí.) Y a lo mejor sí que te arrastro, aunque sea a una parte del viaje con todas esas pastillas que dices que tomas metidas en sus frasquitos dentro del bolsillo... Yo, desde que estuve en USA, también tomo pastillas... de vitaminas y así, y me va estupendamente.

Sí, a mí no sólo no me acompleja sino que me alegra muchísimo tener una nieta, y me gustaría también tener biznietos en su tiempo. (Mi madre, la pobre, aunque sólo me llevaba 20 años nunca conoció a sus nietos porque murió el día que cumplió 33.) Te enviaré una foto con Clara, para que me veas en funciones de abuela divertida. Me hace mucha gracia que a ti te ponga de mal humor... Yo creo que a mí me sienta tan bien por dos cosas: la primera, la que te digo entre paréntesis: no me hubiera gustado morir joven, y la segunda, porque las personas a quienes más quise de mi familia fueron mis abuelos paternos (aunque los vi poco). Eran —él y ella— dos caracteres y dos tipos opuestos y complementarios quizá. Y los dos me quisieron mucho. Fueron abuelos bastante tarde, y, aunque yo fui también la primera nieta, mi abuela Carmen tenía al menos diez años más de los que yo tengo ahora cuando yo nací, y mi abuelo lo menos veinte más... Todo esto por culpa de una bisabuela mía, terrible, llamada doña Encarnación Rodríguez de Alfaro que se casó a los cincuenta años con un señor Laforet de veinte abriles y a mi abuelo —su (como es natural) único hijo— le hizo jurar que no se casaría hasta que ella muriese... ¡Y murió casi centenaria!

Bueno, no sé por qué te cuento estas bobadas. Ah, sí. Por eso: porque me parece que ser abuela a una edad en que se puede disfrutar y hacer viajes para contárselos a la nieta es una suerte grandísima...

Tengo muchas ganas de leer «mi» *Fugitivo*. También, voy a pedir a Destino *Carolus Rex* y el *Nocturno de los 14*. Estoy segura de que los habrán enviado a O'Donnell, pero sé que son dos libros que me van a importar muchísimo.

A mí, aparte de todo, también me da apuro hablarte de tus libros: no por decir que «me gustan mucho» o «no me gustan mucho», cosa siempre falsa, porque aunque entienda o prefiera más unos que otros no se trata de algo así..., ... porque tienes una obra tan grande y varia, y distinta, una especie de mar, una potencia de creación con tantos matices que me parece muy poco una carta para comentar, así, de paso todo eso. Y casi me asusta atreverme. Pero comentaremos.

¡Gracias querido amigo!

Clara estará encantada si le besas el pie: te mandará sus mejores risas... Pero yo casi tengo ganas de besaros el pie también a ti y a Mr. Sackett (pero no se lo digas a él, porque creerá que estoy absolutamente chiflada). ¡Estoy tan contenta por todo lo que hacéis por mí!

Gracias.

Con gran cariño,

CARMEN

52. — A Carmen Laforet

Nueva dirección: 535 Quince Street, Apartment 4
San Diego, California 92103

24 [de] enero [de] 1972

Querida Carmen,

Qué lástima que no vengas. Estaban todos ilusionados con tu importante presencia en la Universidad.

Yo ando mejor. Voy recuperándome como dicen por acá. He dejado Los Ángeles y venido aquí, donde el aire está limpio. Tengo un apartamento muy bonito, con enormes ventanas sobre el «Balboa Park», que está lleno de pinos y eucaliptos. No hace frío (nunca lo hace, aquí). Y todos los días llega algún amigo mexicano, español o 'yankee'. He comenzado a trabajar en lo mío. A veinte minutos de distancia (coche) está la frontera y Tijuana (la ciudad más fea y más pintoresca del mundo). Con ese aire de cosa sin terminar que tienen las personas y los pueblos en México.

Sackett está muy contento haciendo lo que puede para arreglarte las cosas. Es hombre joven y activo y —lo que es mejor, capaz de entusiasmos—. Puedes confiar en él. Lástima —repito— que no hayas aceptado. El trabajo del «classroom» es (dos seminarios) un rato de charla con los estudiantes, y decirles lo que les conviene leer para discutirlo luego sin solemnidad ni gravedad alguna. Y habríamos pasado los fines de semana juntos aquí. San Diego es una ciudad mucho más pequeña que Los Ángeles y mucho más bonita. A dos horas de coche por la mejor autopista del mundo. En el mar, no lejos, viven las ballenas que bajan a veranear hartas de los fríos del norte.

Es verdad que con todo hay días de un aburrimiento aplastante, pero es porque mis nervios cansados de drogas se ponen melancólicos y sueñan (como cuando tenía 12 años) con paraísos que no han existido nunca y que me son 'indispensables'. Quién sabe. Tal vez existen en alguna parte, ya que todo lo que está en la imaginación de uno ha estado antes o estará después en alguna parte. En todo caso, con la promesa de verte a ti de vez en cuando todo habría sido mucho mejor.

Supongo que trabajas poco en tus novelas. Una hermana mía que vive en Zaragoza me decía hablando de ti: «Lástima. No publica casi nada. Todos querríamos un libro nuevo cada año, pero ella lo escribe cada diez años». Exagera, pero algo hay de eso. Y es una gran 'vergüenza'.

Escríbeme y háblame más de ti —es para eso para lo que la gente escribe cartas—. Lo que tú haces y dices es siempre muy interesante para éste, tu buen amigo que te envía su cariño una vez más.

Ramón

January 3, 1972

Professor Theodore Sackett
Chairman of the Department of
Spanish and Portguese
University of Southern California
Los Angeles, California 90007

Dear Professor Sackett:

Thanks for your charming Christmas card, and I wish for you a very happy New Year.

My doctor in Los Angeles advised me to go somewhere in order to avoid the air pollution of the city of Los Angeles, and my doctor here agrees with the advantages of remaining in San Diego for my recuperation. I am very sorry to inform you that, for these reasons, I shall be unable to continue teaching my classes.

I'm afraid that the conditions will not improve sufficiently in the immediate future. Therefore, the wisest decision for you, I guess, will be to accept my resignation. Of course, this doesn't mean that I refuse to help the students who are working with me in connection with their Ph.D. theses. They are: Quintana, Martínez Miller and wife, Silvia Hubbell, Patricia Martínez and José Soler Tossas. If they continue to need advice, I shall voluntarily help them until the theses are completed

Very cordially,

Ramón Sender

53. — A RAMÓN J. SENDER

[Abril de 1972]

Queridísimo amigo: Te escribí una carta larguísima en el campo —la finca de Torrelaguna donde casi vivo esta temporada—[53] pero he roto esa carta porque tu libro me había emocionado de verdad, y no ya por la dedicatoria que me habías anunciado, sino por algo magnífico, comprimido, misterioso que tiene. Bueno, creo que me dediqué a decirte todo eso, y, como siempre que se está bajo una impresión fuerte, te dije tantas tonterías que he roto la carta. Gracias querido amigo, otra vez, por dedicarme *El Fugitivo.* Y gracias por escribirme algo que a mí me parece tan extraordinario. Gracias siempre. Te envío mi admiración y afecto grandísimo,

CARMEN

P.S. Después de pasar un bache en que me parecía imposible ir a América, voy a echarlo a cara o cruz escribiendo a Mr. Rackett para que me informe si realmente interesa o no. Si me dice que sí, voy. Si prefiere más adelante, pues más adelante. Si voy, será una gran alegría verte. Pero también si vienes a cualquier parte de Europa, y lo deseas, iría a verte.

53. Esta finca cerca de Madrid pertenecía a los amigos de C. Laforet, el matrimonio Parra; desde allí, en más de una ocasión, la autora le escribe a Sender.

Queridísimo amigo: Te escribí una carta larguísima en el campo — la finca de Torrelaguna donde casi vivo esta temporada — pero he roto esa carta porque tu libro me había emocionado de verdad y no ya por la dedicatoria que me habías anunciado, sino por algo magnífico, conmovedor, misterioso que tiene. Bueno, creo que me dediqué a decirte todo eso y como siempre que se está bajo una impresión fuerte te dije tantas tonterías que he roto esa carta.

Gracias querido amigo, otra vez, por dedicarme "El Fugitivo". Y gracias por escribir algo que a mí me parece tan extraordinario. Gracias siempre. Te envío mi admiración y afecto grandísimo

[illegible]

P.S. Después de pasar un bache en que me parecía imposible ir a América voy a echarlo a cara o cruz escribiendo a Mr. Rachett para que me informe si realmente interesa o no. Si me dice que sí voy. Si prefiere más adelante, pues más adelante. Si voy sería una gran alegría verte. Pero también si vienes a cualquier parte de Europa y lo deseas iría a verte.

54. — A Carmen Laforet

535 Quince Street 20 [de] abril [de] 1972
San Diego, California 92103

«*Quince*», aunque parece un número en español, en inglés es el nombre del árbol que produce el membrillo. En Aragón, cuando un chico quiere insultar a otro le llama membrillo, que es como decir tonto.

Carmen querida,

Ya es hora de que te escriba, ¿verdad? Pero tengo la impresión de estar en contacto contigo casi permanente, porque pienso en ti cada día con un motivo u otro. Lo que pasa es que llevo algún tiempo incómodo con mi dolencia (el estúpido y obstinado asma) y no quiero hacer partícipe de mi mal humor a nadie, y menos a las personas que quiero.

Me alegro de que te haya gustado *El fugitivo.* Como habrás visto, pretende ser más un poema que una novela. Últimamente escribo novelas líricas no sé por qué. Probablemente porque son más fáciles, es decir, porque en lugar de usar el entendimiento uso la fantasía. En todo caso, es una manera que me divierte.

Hace poco estuvo Sackett aquí (habrás visto que vivo en San Diego) y me dijo con cierto orgullo: «Le he organizado a Carmen Laforet la 'tournée' por toda America». (Incidentalmente, tú escribes el nombre de Sackett mal en tu carta.

Dices *Rackett,* lo que en inglés suena como una mala broma, porque quiere decir *estafa.* Si le escribes a él, cuida de escribir su nombre bien.) Excuso decir que cuando vengas (si antes no he ido yo por ahí) quiero que nos veamos. Mi casa es pequeñita (un bonito apartamento junto al parque), pero alrededor hay buenos hoteles, y si vienes serás mi invitada aunque vivas en uno de esos hoteles. Es decir, que pagaré tus gastos con placer y orgullo paternales.

Días pasados recibí un telegrama de París, pidiéndome que formara parte del jurado que da el Premio Internacional del Libro a un autor (en el festival del Libro de Niza que se celebra entre el 20 y el 25 de mayo). Yo estuve a punto de aceptar y el mayor incentivo era que vinieras tú a verme. Pero por fin dije que no. Es decir acepté, pero con la condición de poder votar desde aquí. Si ellos me lo permiten votaré por ti. Pero no tengo grandes esperanzas, porque el jurado está dominado por gente comunistoide y si me invitan a mí es probablemente para disimular y «autorizarse» dándoselas de neutros en política. La vida es complicada, ¿verdad?

Me han enviado dos recortes de *ABC* donde hablas de mí con tu generosidad de siempre. Gracias, niña bonita. Aparte generosidades, esos artículos son graciosos, delicados, 'exquisitos' como son todas tus cosas cuando tú quieres. *ABC* se rejuvenece y se engalana con tus crónicas.

Todos creen que *La tesis de Nancy* es una tontería, y como no puedo suprimirla, he decidido reincidir (sostenella y no enmendalla) con dos novelas más sobre el mismo tema. Las tres podrán ir en un volumen con el título pedante de *Tres novelas hedonistas y un prólogo.* Y las otras dos tratarán de compensar o de disimular los lunares feos de la primera. Y Dios nos coja confesados a todos.

Cuando tengas un rato libre y ganas de contarme cosas, escríbeme, por favor.

Un tierno y dulce abrazo de tu mejor amigo imaginable,

RAMÓN

535 Quince St.
San Diego, Cal. 92103

20 abril 1972

Quince aunque parece un numero en español en ingles es el nombre del arbol que produce el membrillo. En Aragon cuando un chico quiere insultar a otro le llama membrillo, que es como decir tonto.

Carmen querida,

Ya es hora de que te escriba, ¿verdad? Pero tengo la impresión de estar en contacto contigo casi permanente, porque pienso en ti cada día con un motivo u otro. Lo quw pasa es que llevo algun tiempo incómodo con mi dolencia (el estupido y obstinado asma) y no quiero hacer partícipe de mi mal humor a nadie y menos a las personas que quiero.

Me alegro de que te haya gustado "El fugitivo". Como habrás visto pretende ser mas un poema que una novela. Ultimamente escribo novelas líricas no sé por qué. Probablemente porque son mas fácilesé, es decir porque en lugar de usar el entendimiento uso la fantasía. En todo caso es una manera que me divierte.

Hace poco estuvO Sackett aqui (habrás visto que vivo en San Dıego) y me dijo con cierto orgullo: "Le he organizado a Carmen Laforet la tourée por toda America". (Incidentalmente tu escribes el nombre de Sackett mal, en tu carta. Dicez Rackett lo que en inglés suena como una mala broma porque quiere decir estafa). Si le escribes a él cuida de escribir su nombre bien. Excuso decir que cuando vengas (si antes no he ido yo por ahi) quiero que nos veamos. Mi casa es pequeñita (un bonito apartamento junto al parque) pero alrededor hay buenos hoteles y si vienes serás mi in vitada aunque vivas en uno de esos hoteles. Es decir que pagaré tus gastos con placer y orgullo paternales

Dias pasados recibi un telegrama de Paris pidiendome que formara parte del jurado que da el premio internacional del Libro a un autor (en el festival del Libro de Niza que se celebra entre el 20 y el 25 de mayo) Yo estuve a punto a aceptar y el mayor incentivo era que vinieras tu a verme Pero por fin dije que no. Es decir acepté, pero con la condicion de poder votar desde aqui. Si ellos me lo permiten votaré por ti. Pero no tengo grandes esperanzas porque el jurado está dominadopor gente conumistoide y si me invitan a mí es probablemente para disimular y "autorizarse" dándoselas de neutros en politca. La vida es complicada, ¿verdad?

Me han enviado dos recortes de "ABC" donde hablas de mi con tu generosidad de siempre. Gracias, niña bonita. Aparte generosidades, esos articulos son graciosos, delicados, e x q u i s i t o s como som todas tus cosas cuando tú quieres. "ABC" se rejucenece y de engalana con tus crónicas.

Todos creen que "La tesis de Nancy" es una tontería y como no puedo suprimirla he decidido reincidir (sostenella y no enmendalla) son do s novelas mas sobre el mismo tema. Las tres podrán ir en un volumen con el titulo pedante de "Tres ~~noevas~~ novelas hedonistas y un prologo". Y las otras dos tratarán de compensar o de disimular losl lunares feos de la primera. Y Dios nos coja confesados a todos.

Cuando tengas un rato libre y ganas dec contarme cosas escribeme, por favor.

Un tierno y dulce abrazo de tu mejor amigo imaginable

Ramón

55. — A Ramón J. Sender

21 [de] abril [de] 1972

Queridísimo amigo: El día que te escribí hablándote de *El Fugitivo* escribí también el artículo que te envío en mi colaboración de *ABC*. Te lo mando porque quizá diga mejor lo que pensé y sentí que lo que pude escribirte.[54]

Tú escríbeme solamente cuando tengas no sólo tiempo, sino ganas. Me darás una gran alegría.

Hasta siempre, como siempre, con mi gran admiración, gratitud y cariño,

Carmen

54. Véase la copia de este artículo de C. Laforet en el *ABC*, pág. 63, con fecha del 21 de abril de 1972, en el apéndice 3 de esta edición.

56. — A Carmen Laforet

535 Quince Street
San Diego, California 92103

25 [de] abril [de] 1972

Carmen querida,

¡Gracias por tu carta, por tu artículo, por tantas cosas! Pero ten cuidado, los del *ABC* se van a enfadar con tanto Sender. Supongo que me tienen inquina política, aunque yo no hago política nunca. Pero me atribuyen filiaciones y fobias, como a cada cual en estos tiempos.

Todo lo que dices (menos los elogios) sobre mi libro es verdad. En él planteo por primera vez en mi vida un problema para mí nuevo: ¿qué hacer con la libertad? El amor, claro, ¿pero qué hacer con el amor y la libertad? Nunca bastan. Y el vértigo sigue. Bueno, dejémoslo para que traten de entenderlo los críticos. El que mejor me entiende a mí es Antonio Tovar. No lo conozco personalmente, pero es de los pocos que en España saben evitar la cursilería académica. Tú sabes la tendencia que todo español —ellos o ellas— tenemos hacia la cursilería. Durante la guerra se asesinaba por cursilería (a la moda rusa o alemana, según cada cual). Y ahora, cuando uno abre una revista, incluso una revista rabiosamente nacionalista, encuentra uno por lo menos en cada página quince nombres sajones, británicos, checoslovacos, gringos o etruscos, citados por cursilería. De tarde en tarde citan también al pobre don Miguel de Cervantes Saavedra.

No había contestado tu pregunta de hace algún tiempo sobre formar una colonieta en Grecia con un grupo de amigos. En Mitilene o en alguna otra isla con tradición o sin ella. No te había contestado, pero tú ves que he pensado en eso. Yo querría ir con vosotros. Sé que estando tú cerca de mí, yo sería mucho más feliz que aquí (al fin es lo que cada cual busca, ¿verdad?), pero no querría llevar a vuestro grupo de gente joven y alegre un melancólico deprimido y deprimente. No es que siempre esté así, pero a veces no aguanto mi propia sombra. Mi propia mala sombra, que diría un gitano, con razón.

Lo que debes hacer tú es venir por aquí cuanto antes. Y hablaremos de esa y otras cosas. Sackett (no Racket, por favor) está muy ufano por haber hecho gestiones para ti. (Es un judío «askenazy» (balcánico) un poco embarullado, pero leal a sus convicciones y deseando brillar al reflejo de los resplandores de tu obra. Casado y con dos hijos. Su mujer es tan fea al estilo bohemio-polaco que uno piensa si la fecundaron artificialmente o por teléfono.) Él es ahora el jefe del Departamento de Lenguas Modernas en University of Southern California, y como fue nombrado hace poco, todos le hacen una guerra sorda a ver por dónde falla. Él se defiende como puede.

Si vienes te encontrarás con sorpresas agradables. Verás que la gente de las universidades es amable y fácil. No tendrás que pedantear. Como me decía Julian Palley, de otra universidad próxima a Los Ángeles (que te invitará también), el simple hecho de contestar las preguntas de los estudiantes sobre tu obra tendrá un gran interés. Te digo esto porque tú me hablabas de que «no sabías enseñar». Te auguro un gran éxito. Hay un peligro en todo esto y es que en alguna universidad te vas a aficionar demasiado y te vas a quedar. Espero en todo caso que no sea lejos de San Diego. No sabes lo que daría por poderte ver una o dos veces al menos por semana. Todas las miserias del llamado exilio desaparecerían y la vida sería un verdadero lujo, al menos para mí.

Entretanto te envío un dulce abrazo envolvente con toda la ternura de que es capaz tu viejo amigo,

RAMÓN

57. — A Ramón J. Sender[55]

Madrid, 8 de junio [de] 1972

Sr. D. Ramón Sender:

Queridísimo amigo: Tu generosidad te ha hecho comprender mal mi carta —por otra parte muy imprecisa, una conversación como de amistad, según recuerdo, que es imposible tener a tanta distancia—. Rompo la tuya y te mando por ella, un gran abrazo.

No. No estoy mal económicamente, ni me da miedo la vida en ese aspecto, en absoluto. Con mis derechos de autor y mis artículos, tengo, aun de sobra, para vivir donde quiera. Yo no necesito vivir con lujo alguno. Eso no me preocupa.

Quiero tranquilizarte también respecto a lo de mis conferencias. Si yo hubiera deseado el viaje podría habérmelo arreglado yo misma. Empecé pensado que sería bueno para mí —una experiencia buena, una sacudida psicológica conveniente...—. Y terminé deseando no hacer el viaje porque dar conferencias me horroriza, y ya no necesitaba ninguna

55. Nos encontramos ante la única carta que quizás refleje un sentimiento de molestia o enfado entre los dos escritores, que, por lo que podemos saber, se superó definitivamente. Por un lado un saludo formal, casi de carácter oficial, de Laforet, por el otro tenemos las ocurrencias humorísticas producto de la imaginación de la autora al explorar otras posibilidades profesionales que no tienen nada que ver con escribir. Claudio Guillén lo definiría como «un proceso de ficcionalización»; véase C. Guillén, ob. cit., pág. 185.

cura psicológica. Así que cuando vi que era fácil dejar todo en agua de borrajas, pues vi el cielo abierto. Y lo único que sentía, y siento, es no haberte visto.

Eso del «zoo» que te cuento, no son «niñerías». A veces se me ocurre que me gustaría ser cualquier cosa menos escritora y creo que cuidar elefantes o ancianos va mejor con mi temperamento que otra cosa cualquiera. En cuanto a ti, NUNCA SE ME HA OCURRIDO CONSIDERARTE ANCIANO, así que en mis vagas confidencias sobre mis posibilidades de trabajo —aparte de eso de escribir— no entraba, ¡ni remotamente el cálculo de la posibilidad de cuidarte...!

Me siento maravillosamente bien de alma y cuerpo en esta época de mi vida — y te lo digo porque me has demostrado tu amistad profunda y sé que te alegra. Tengo cero años. Pero no olvido que en mi vida anterior llegué a los cincuenta y a la dignidad de abuela. Me siento mucho mejor que una niña, pero no una niña. Hay una serie de experiencias a mis espaldas que no me interesa buscar de nuevo. Voy a buscar, en cambio, un acomodo no muy estable —no me gusta lo estable— en otro lugar del mundo, y por primera providencia ya he decidido irme a París. Conozco la ciudad y me gusta muchísimo, y siempre he sentido ganas de trabajar allí. Y eso es importante. Porque continuamente tengo que luchar contra una cosa pesadísima que es esa sensación de que mi literatura no me gusta y me cansa. Así que una ciudad tan estimulante espero que me vaya bien. Antes, creo que iré al mar. Mis amigos —que sí los tengo magníficos— me abruman de amabilidades y me ofrecen departamentos frente al mar para que me vaya a trabajar a ellos. Creo que iré a Denia. No sé. Por el momento mi dirección sigue siendo esta de José Luis de Arrese 11, porque me enviarán las cartas.[56] Pero yo te tendré al corriente.

Gracias, querido Sender, gracias mil veces. Siento haberte equivocado en una carta que a lo mejor podía parecerte

56. Es la dirección postal de la amiga de C. Laforet, Rosa Cajal, quien le había escrito a R. J. Sender en 1967.

nostálgica de cosas perdidas o así. No soy nostálgica y una vez recuperado mi equilibrio interior, todo lo perdido me parece ganado.

Un gran abrazo, otra vez, con cariño, admiración y gratitud como siempre y más que siempre.

CARMEN

Te dije que no dieses mi nombre en lo de Niza PORQUE NI PRESENTÉ A CONCURSO ALGUNO, NI TENGO NINGUNA OBRA NUEVA ESTE AÑO.

En cuanto a la escritora, a la que no conozco personalmente, creo que te equivoca, y que es muy guapa y muy femenina, pero yo te contaba eso por lo de la salida de España.

58. — A Carmen Laforet

12 [de] junio [de] 1972

Querida Carmen,

Gracias por tu carta, tan buena y llena de sutiles maneras. Me haces sentirme bien cuando debería estar un poco confuso y tal vez en el fondo lo estoy. Pero pienso en ti como en una persona muy cerca de mí, más que una amiga, más que una amante. Algo como una hija a quien el papá mima porque ella lo ha sabido conquistar por entero. Y en ese sentido te digo que tu entusiasmo por París me inquieta un poco (o mucho). La última vez que estuve allá era una ciudad fea y sucia. Tal vez por contraste con la pulquérrima e insípida América, París no me gustó. Uno se acostumbra a lo insípido como las almas de los bebés o de los bobos se deben acostumbrar al limbo.

¿Qué va a ser de ti en París? Los inviernos son fríos, siempre llueve, hay nieve y hielo. El verano es aburrido, porque todo el mundo se marcha (el mundo interesante con quien se puede hablar). Luego, los franceses de nuestra clase media, más o menos culta, son de un egoísmo feroz. Mucho me alegraría de equivocarme y de que te encontraras a gusto en París. Pero yo creía que una temporada aquí (primavera constante), con el mar al lado, las montañas cerca (puedes nadar o hacer squiaje si te gusta), una cultura nueva, rara y alucinante cerca (México), y la neutralidad cómoda del limbo, te habría ido bien. Yo no soy viejo del todo, quiero decir que trasnocho, voy al mar, tengo todavía ánimos para no obligar a nadie que viva conmigo a cambiar sus hábitos, sus horas; puedo adaptarme a las maneras de la juventud. En realidad mis relaciones aquí son con gente joven. Vienen de Los Ángeles amigos y amigas que se quedan el sábado y el domingo, vamos a veces a una isla (Santa Catalina) o al otro lado de la frontera. Y nunca tengo que advertir que a tal hora debo estar en casa y a tal otra acostarme. Todavía no soy incómodo para los otros y espero que moriré antes de llegar a serlo.

Me habría gustado que vinieras. A pesar de tantos «amigos», a veces pasan meses sin tener nadie con quien hablar de lo que de veras le interesa a uno. Y de hablar en el propio idioma mental. Cuando los otros se marchan, yo tengo que reacomodar todo mi sistema de emociones para volver a ser yo mismo, y me cuesta un poco de trabajo. Es otra temperatura, otra tónica, y, por decirlo de una vez, otro universo. ¡Qué dulce debe ser la vida de los que están siempre acompañados por seres a quienes entiende y a quienes quiere! Yo para querer a casi todos estos amigos tengo que cambiar secretos y pequeños conmutadores (cada cual, el suyo). A veces es fatigante.

Comprendo muy bien que no quieras dar conferencias ni mucho menos clases. Yo estaba harto de todo eso y me he retirado antes del plazo reglamentario. Por cierto, que la Universidad sigue pagándome, y de vez en cuando vienen estudiantes de doctorado a defender su tesis en mi casa (vienen los otros profesores también), para que yo no me moleste yendo allá. Mis estudiantes me quieren porque, eso sí, les ayudo como un amigo. Nada de suficiencia profesoral. En ese sentido puede ser «casi» agradable ese trabajo.

Me quedo con la curiosidad de saber a dónde irás y cuándo irás. No dejes de decírmelo.

En relación con esa escritora del premio, ya te dije que no he leído nada, y seguramente he hecho mal, pero a mi edad, como decía el viejo don Pío, no se lee sino que se relee, y de los españoles de ahora no he leído más que a ti y a Cela, sobre todo a ti. Creo que lo demás no vale la pena en la novela. En teatro, hay autores excelentes. Y algún buen poeta. El mejor creo que sigue siendo Aleixandre. Los más jóvenes todos hacen lo mismo. Son poetas «inteligentes» que es lo peor que puede ser un poeta.

No sé qué más decirte. Estaría días y noches escribiéndote sin parar. Esta tarde vienen unos amigos a las cuatro, vamos a una galería de arte a recoger dos cuadros (les han puesto marcos), luego iremos a comer a un absurdo y suculento restaurante que llaman El Rey Moro al aire libre, entre macizos de rosas y madreselvas, a las siete al «airport» a recibir a una «ex-wife» mía que llega precisamente de París. Esta mañana me llamó el cónsul de España, Arturo Morales (desde Los Ángeles) para decirme que vende la casa y se va para los madriles. Tiene la hija más hermosa del mundo (18 años), pero es tremendamente inteligente y eso no la va a permitir ser feliz (temo yo) en la vida. Una gran inteligencia se paga con una sensibilidad vulnerabilísima. Es lo que te pasa a ti en una medida mucho mayor.

Hay en Madrid una mujer de media edad, hermosa y entusiasta de las buenas causas (no necesariamente políticas), que me llama por teléfono con frecuencia por el gusto de charlar un poco. Se llama Luisa Aramburu y vive en Alberto Alcocer 10. Está esperando que le diga que venga para tomar el primer avión. Supongo que tiene medios de fortuna, ya que esas llamadas le cuestan muy caras y no me permite que le envíe su importe. Es de una familia de mineros (dueños de minas) conocida. Yo esperaba tu respuesta antes de decir a Luisa (a quien no he visto sino en las fotos) que venga. La verdad es que mi disposición hospitalaria me permite atender con entusiasmo a una amiga que no habla inglés, pero no a dos. Me fatigaría un poco. Si tú ni quieres venir (y veo que no, en tu carta) la llamaré a ella. Mucho temo que la voy a decepcionar, pero será bueno tener al lado una mujer inteligente (no demasiado) que piensa y habla como uno. ¿Verdad? Voy a decirle que venga y ya te escribiré. Como ves, te lo cuento todo. Si estás todavía en Madrid y quieres llamarla por teléfono y citarla en alguna parte, ella (que te admira), se alegrará de conocerte. Y tú podrías darme tu impresión personal. La mía hasta ahora es que se trata de una persona excelente, llena de sentido de determinación, muy independiente, interesada en vivir cerca de mí. Ya veremos.

Una vez más te repito que te lo cuento todo. Mi lujo en la vida ha sido siempre el descuido total de toda clase de prudencia, pero al servicio (ese descuido) de intereses más fuertes de los que la prudencia puede proporcionarnos.

Espero que no te ha aburrido esta carta.

Un fuerte abrazo, más angélico que otra cosa, aunque no angélico del todo.

Ponme dos líneas diciéndome tus planes,

RAMÓN

59. — A Carmen Laforet

24 [de] junio [de] 1972

Carmen querida,

Contesto enseguida tu carta, a ver si te llega la mía antes de que te vayas a Denia con tu niña.

Veo que eres una amiga difícil, pero como tienes un gran talento tu dificultad es encantadora. Viendo las cosas despacio, a ti te pasa lo contrario que a mí. Has estado «demasiado acompañada» por quince o veinte años, y ahora quieres gozar de alguna forma de soledad (parecida a la que tenías en tu adolescencia) con dimensiones imaginativamente nuevas y fértiles. Lo comprendo, aunque me habría gustado mucho que vinieras aquí al menos por un par de meses.

Le he escrito a Luisa (Aramburu) diciéndole que su deseo de venir me parece absurdo, que se va a decepcionar conmigo (ella es muy dinámica y activa, y yo estoy convirtiéndome en un ser contemplativo). No es que ella sea demasiado joven para mí. Pero estoy seguro de que yo soy demasiado viejo para ella. Puedo equivocarme, claro, y en ese caso (si todo sale bien) el error habrá sido como una broma de Dios, generoso siempre conmigo, a pesar de tantas cosas que parecen desmentirme. Al final de la carta le decía que si acepta el riesgo de la decepción puede tomar el primer avión y venir. Ya le he reservado (condicionalmente) un apartamento-estudio en una casa a dos manzanas de la mía.

Cuando tenga su telegrama confirmaré la «reserva». Ayer, pasando por la calle me detuve a hacer esa gestión (la primera, digo) y mientras la hacía estaba pensando que podía haber sido para ti. ¡Lástima! Contigo habría habido tantas cosas que hablar. Dices que no te gustan tus libros. Pero me gustan a mí, que es más importante (el entendimiento mejora con los años, según el gran Don Miguel). La verdad es que mis libros tampoco me gustan a mí. (Sólo les gustan sus propios libros a los escritores vanílocuos que escriben adrede, coleccionan las críticas y se hacen fotos retocadas cuidadosamente para la prensa.) La verdad también es que —hay que reconocerlo— son felices con su habilidad, como lo son los perros de circo con la suya. Y los aplausos y los focos les encantan. Más felices que tú y yo, ¡maldita sea!

Pienso mucho en ti, Carmen. Hay ahora poetas populares en España que cantan su poesía con música que también hacen (o «arreglan») ellos. No había oído nada de eso y toda mi vida me han parecido terriblemente cursis los «chansoniers», incluso cuando son procaces, como en París. Pero alguien vino de España días pasados y me trajo un 'record' de un tal Serrat titulado *Mediterráneo*, donde la primera canción dice: «¿Qué va a ser de ti lejos de casa, nena, qué va a ser de ti»? Tiene fuerza lírica, y me conmoví un poco pensando en ti y en tus planes. Te veía incluso con tu «impermeable amarillo» —así dice la canción— ir y venir por paisajes de niebla fría. Ese cancionero me ha gustado. Se ve que hay, como hubo siempre, un tipo de poesía popular medio culta, pero de una enorme eficacia sobre los nervios, que es lo que cuenta.

Pues sí, ¿qué va a ser de ti, lejos de casa? Al menos tienes mi dirección. Piensa en mí como en un padre, y un telegrama tuyo, si es necesario, tendrá una respuesta inmediata. Tú me entiendes. Yo estaré orgulloso de poder «contestarte» en el sentido que tú desees y esperes. Naturalmente, prefiero que seas feliz del todo y en todos los sentidos, y llegues incluso a olvidar a este padre adoptivo como los olvidan las verdaderas hijas felices. Me gustaría mucho que tú lo fueras, aunque ya sé que la felicidad es una ilusión, (etc., etc.), y que es muy difícil ilusionarse para una mujer de genio. Si lo consigues, sin embargo, tu ilusión nos enriquecerá a todos los que te conocemos, y a otros muchos (millares) que no te conocen pero te leen.

Te estaría escribiendo horas y horas, pero llegan hoy (sábado) amigos de Los Ángeles, y van a estar aquí de un momento a otro. Vamos a ir a Tijuana (población mexicana de la frontera) a comer a un «bistró» vasco que se llama "Chiki-Jai", donde guisan estupendamente y suceden cosas pintorescamente inocentes como suele ser con los vascos.

Ojalá estas líneas mías te hagan reír alguna vez. Bueno, sonreír, medio contenta, medio irónica. ¿Tú sabes que tu sonrisa es una de las cosas más bonitas que tienes? Es luminosa, como la sonrisa de una niña de seis años que ha hecho una travesura y está segura de que no se enterarán los mayores porque ella es más lista. (Y en tu caso has tenido siempre razón.)

Te envío mi cariño casi paternal,

RAMÓN

60. — A Ramón J. Sender[57]

18 de septiembre [de] 1972

Queridísimo amigo: Además de lo mal que va el correo en Italia, han pasado tres días, al menos, desde que recibí tu carta, y quiero contestar. Escribir. Decirte mi alegría por tus noticias.

La vida se me complica en una resaca de continuas vacaciones. Después de Pescara, donde aprendí muchas cosas y todo fue muy bien, pero en vacaciones. Ahora Roma, donde los hoteles están llenos y este año son muy caros y los departamentos baratos, pero sólo si se los toma por un año. Mientras —creo que ya lo tendré esta semana— busco un hotel tan malo como el que dejé (pero con una habitación menos ruidosa... incluso en el mismo hotel donde estuve ocho días, no me importa si la habitación da al interior), mientras encuentro eso o me voy de Roma a otro sitio, porque la verdad es que quiero escribir, estoy mimadísima en casa de los Aza. Pero provisional. Y sin atreverme a decir a España que me manden la maleta con libros y ropa de invierno (esto último no tiene importancia... y quizá lo otro tampoco). Así que si puedes o quieres escribirme

57. Ya fuera por los consejos de Sender o por el destino Laforet no va a París, y esta carta, y varias más a continuación, nos permiten conocer las diferentes etapas de la autora en Roma.

aquí, Carmen Laforet, en casa de los señores Aza, Via dei Leutari 21 Roma.[58]

Tu carta la he leído varias veces. Me divierte tu antipatía a lo italiano. Y a los italianos. Esa antipatía yo no la siento, pero tampoco siento ese «tirón» de Roma que en cambio París tiene para mí... Aparte monumentalidad, turismo, etc., Roma me parece una ciudad española en el sentido de que para mí no tiene encanto alguno intelectual. Pero tengo que escribir un libro aquí antes de marcharme. Y si Dios me ayuda, lo voy a hacer.

Los italianos hoy, cuando se viene de España, resultan muy agradables. La calle española (en Madrid al menos y creo que en muchos otros sitios) es hosca. La gente mal educada, deshumanizada. Estos italianos al menos son amables, saludan, ayudan... Y Roma, a pesar de la suciedad de las calles, tiene el aire limpio. Madrid es irreconocible para quien falte de allí diez o doce años. ¡A veces la negrura del aire hace toser! Estoy contenta de estar fuera de España. Pero aquí no me quedaré más que lo imprescindible por razones económicas — supongo que dos meses más o así. Ya te diré.

A través de lo que tú me cuentas me es forzosamente simpática la señora que te visitó. Y comprendo tus reacciones perfectamente. La soledad es... es algo interior y no la quitan aquellos que nos quieren, sino aquellos a quienes queremos (cosa que no es fácil encontrar en correspondencia con nosotros, y sin extrañarnos con equívocos, según creo...) Yo quiero profundamente, sin equívocos, con felicidad de querer a algunas personas de las que, sin embargo, he creído conveniente separarme. Precisamente por eso, porque en esta nueva vida mía obedeciendo humildemente (o en ver-

58. Los Aza, familia política de su hija Cristina, residentes en Roma para entonces, reciben a Laforet como huésped en más de una ocasión, y gracias a esto la autora extiende a Sender la primera de sus cuatro direcciones residenciales durante sus años en la capital italiana. El señor Aza ocupaba entonces un puesto diplomático en la Embajada de España en Roma. En el presente, ha sido nombrado Secretario de la Casa de Su Majestad Juan Carlos I, Rey de España.

dad, según la acepción de la humildad que tenía Santa Teresa, como tú sabes) a mi naturaleza, no desearía ningún equívoco nunca con esos a los que tanto quiero (y doy gracias a Dios por querer... porque ni lejos de ellos estoy sola).

Bueno esto es un poco sibilino. Pero tú entiendes muchísimo mis vaguedades. Te envío todo mi cariño. Te voy a escribir todo lo a menudo que pueda desde este país en que uno tiene la sensación de que las cartas se pierden...

¡Un abrazo grande!

CARMEN

P.S. I/ Me gustó tanto la carta que la he leído varias veces. Lo que dices de los italianos me divierte. Viniendo de la España de ahora en que [la] gente ha perdido el buen humor y la educación, sin embargo, se nota [a]livio. Parece imposible ¿verdad? Pero es así...

P.S. II/ Ah... No creas que el encanto «intelectual» de que te hablo es la compañía de personas intelectuales (nunca las busco sino que a veces las encuentro). París lo tiene (aparte de cierta atracción telúrica especial) porque todo está preparado allí para el trabajo, los cafés, los hoteles malos, incluso, los kioscos, las librerías con todo lo que se publica... etc., etc., etc., etc.,...

61. — A Ramón J. Sender

Roma, 16 de octubre [de] 1972

Queridísimo amigo: Tu carta me encantó y me dio pena lo de la Rivera o Costa Azul o como sea, por no verte tan perdido como yo quisiera.

Por fin veo mis planes, aunque los he ido dejando al azar. Y el azar lo ha puesto así: Roma me encantó, Roma me repelió, Roma me ha vuelto a gustar muchísimo. La Roma del Trastevere, del «senso antico», la verdadera Roma viva entre las ruinas.[59] ¿Has visto la película de Fellini, *Roma*? Es un reportaje para mí sensacional y curiosamente verdadero dentro del genio satírico de Fellini, pero no tan exagerado como pudiera suponerse no viviendo aquí y observando la vida que pulula por las calles y las ruinas. Alberti tiene un libro, para mi gusto, magnífico, *Roma, peligro para caminantes*. Ese libro coincide en mi visión de Roma también. Y María Teresa León en su libro *Memoria de la melancolía* tiene entrelazado con el libro político, el libro de aventuras personales del exilio y los viajes y el libro de su sensibilidad por las cosas y las gentes, un libro de Roma también para mi gusto estupendo.[60]

59. Laforet le habla a Sender de uno de los vecindarios más populares y bohemios de Roma, en el que ella misma va a vivir más adelante.

60. En las últimas oraciones de este párrafo introduce la presencia de Rafael Alberti y María Teresa León como parte de su experiencia romana. Amigos de Laforet durante su estancia en Roma con quienes compartió hasta la primavera de 1977, cuando el poeta y su mujer regresan a España después de 38 años de exilio.

Llamé a los Alberti y me acogieron con una cordialidad enorme.

Con Rafael he podido menos porque está sobrecargado de trabajo, ya que va a hacer una exposición homenaje en un «Palazzo» de aquí el 16 de diciembre, que es su 70 cumpleaños. A María Teresa le hablé de ti y de mi gran admiración y amistad y gratitud que tengo hacia ti, y me ha repetido tres veces que te mande sus recuerdos y un abrazo de María Teresa León. Que no me olvide de escribírtelo. Mi punto de vista político, en cuanto al comunismo se refiere, está clarísimo para ellos desde el primer momento en que nos vimos, lo que no les impide quererme. Y a mí, a ellos, tampoco. Ahora voy a España —mañana— porque tengo urgencia de arreglar unas cosas familiares, editoriales y de dinero que desde aquí con eso del correo, son difíciles.

Muy posiblemente volveré pronto —si una catástrofe no lo impide— ya sabes que en España (desde enero pasado) hay una ley escrita en letras chiquitas en el Boletín Oficial por la que el Ministerio de Gobernación, aunque tengas tu pasaporte en regla, puede detenerte en la frontera sin necesidad de motivo ni justificación alguna. Yo no quisiera pasar más de 15 días en España y de «incógnito», sobre todo para mi marido. Pero Dios dirá. Mi plan es venir, tomar un apartamento por seis meses o un año y trabajar ferozmente aquí, ya que ahora puedo. Ya sabes que en *ABC* me dijeron que mi Diario no interesaba por ahora.[61] Pero me viene bien para el dichoso libro.[62] Con los Aza, que son muy queridos para mí —una especie de hijos adoptivos (la adopción la han hecho ellos tratándome como a una madre a la que se quiere mucho)—, no quiero vivir; porque necesito mi independencia,

61. Luego resulta ser que este no es exactamente el caso. Véase la carta del 7 de febrero de 1973, que incluimos en esta edición, enviada por la dirección del *ABC* al Sr. J. M. Lara, a Planeta, editor de Laforet por entonces, donde se esclarece este malentendido entre la autora y la redacción del periódico.

62. Por esta referencia entendemos habla una vez más de la segunda parte de *La insolación.*

PRENSA ESPAÑOLA
ABC BLANCO Y NEGRO
Serrano, 61
MADRID

EL DIRECTOR DE ABC

Madrid, 7 de febrero de 1973.

Sr.D. José Manuel Lara
Calvet, 51-53
BARCELONA-6

Querido José Manuel:

Me acabo de enterar de los detalles del "mal entendido cese" de Carmen Laforet. Ella interrumpió su Diario durante sus vacaciones y posteriormente el Consejo de Dirección, estando yo en Estados Unidos, consideró que la reanudación del mismo podría resultar un poco monótono. Pero esto no significa en modo alguno que se le hayan cerrado las puertas de la colaboración. Puede seguir escribiendo cuanto quiera, pero no en forma de Diario, sino como artículos de colaboración.

Un abrazo,

Firma: Torcuato Luca de Tena.

Recibido 9 FEB 1973

y tampoco quiero abusar de su bondad y sus cuidados, y en los hoteles hay mala luz para escribir (al menos los que yo puedo costearme), pero una vez que me he entendido con Roma, creo que puedo estar aquí una temporada larga. La calle es humana y la gente amable, y todo el mundo puede decir lo que le dé la gana. A cada momento hay huelgas y creo que bombas, pero eso no importa nada. Siento que vuelvo a ser yo misma y en cuanto me saque de encima esta trilogía —parada hace tantos años— creo que podré preparar conferencias y todo lo que sea y de esta manera ir a verte. Pero entre todo esto está la suerte, está el destino, está lo que Dios quiera. Yo, ahora, ya no digo «haré» porque me he convencido de que en mi vida eso no sirve, pero al menos vuelvo a ser persona y digo «quiero hacer». ¡Es mucho!

Amigo mío querido. Me interesa mucho todo lo que me cuentas. Y tu felicidad. Y verte cuando me sea posible.

Si no te doy antes otra dirección y quieres escribirme, escríbeme a Via dei Leutari 21. Siempre me llegará la carta.

Un abrazo fuertísimo al pie del avión (aborrezco ese medio de transporte, pero...). Con mi admiración y gratitud y enorme cariño de siempre,

CARMEN

62. — A Carmen Laforet

535 Quince Street
San Diego, California 92103

8 [de] febrero [de] 1973

Carmen querida,

Vengo de Los Ángeles (adonde fui para un «honoris causa» que me dio la University of Southern California lleno de ceremonias, discursos, etc.) y donde encontré antiguas amistades muy agradables (viejas alumnas jóvenes), y también el aire corrompido de la circulación de nueve millones de automóviles quemando gasolina día y noche. Mientras estuve allí, comí, bebí, trasnoché, peleé con algún director de cine, más o menos politicante, apenas dormí y sin embargo me encontraba muy bien. Al volver aquí —la calma rutinaria de cada día— vuelvo a sentirme con las incomodidades respiratorias. No me entiendo. Los médicos tampoco entienden. Tiemblan ante un asmático, porque todo lo que saben de eso lo sabía ya Hipócrates hace 2.600 años. Y no han aprendido más.

Pero he encontrado tu carta. Y estás escribiendo, por fin. ¡Eso sí que está bien! No lo dejes ahora que estás con la temperatura adecuada, hasta terminar. ¡Después te sentirás tan bien! Y ahora mientras trabajas, también, ¿no? Es bueno, al menos para mí, andar embalado detrás de un propósito que creo que vale la pena. Todo en la vida consiste en interesarse profundamente por algo y abandonarse cómodamente a ese interés.

Me encantan tus noticias de María Teresa. Mándame su libro. Para obligarte, te mando uno mío de ensayos en el que si se lo prestas a María Teresa encontrará cosas conocidas (por ejemplo, el relato titulado *Germinal*). Te lo mando más para ella que para ti, porque no quiero distraerte de tu trabajo con ensayos que pueden interferir de mala manera en la suave fluidez de tu manera de contar las cosas. Espero que cuando hayas terminado tu libro lo leas. Entretanto préstaselo a nuestra amiga.

Entre Alberti, para quien he tenido siempre verdadera amistad y cariño, y yo ha habido siempre un desnivel político. Bien lo siento. Pero, ¿qué vamos a hacerle? Ellos me odian porque en 1933 escribí contra Stalin, y desde entonces han andado buscándome la vuelta a ver por dónde me herían. No han encontrado todavía manera seria de hacerlo. Sólo pequeñas molestias. No estoy hablando de los Alberti, claro, sino de los que están detrás de ellos y supongo que a ellos también los han molestado más de una vez. Recelan y odian a los intelectuales, a no ser que se les sometan sin condiciones, como Neruda y algún otro pícaro oportunista.

Pero dejemos estas cosas feas.

La amiga que estuvo aquí —la de Madrid— me llama por teléfono y me habla desde allá horas enteras (no exagero). La pobre se va a arruinar. Quiere venir «para siempre» pero tiene tres hijos en España y uno o dos nietecitos. Entonces va a sentirse siempre con añoranzas, si viene «para siempre». Y aquí esto es como el limbo (digo, San Diego). De una pasividad, impersonalidad y vaciedad completas. Claro es que eso a veces está bien (por ejemplo, para trabajar), pero al fin, el limbo para una mujer de 45 años es poca cosa. Lo único que se puede hacer es salir al mar a ver pasar las ballenas (unas seiscientas diarias) camino de la Baja California, donde tienen su luna de miel. O dar de comer a los gorriones en el parque (es lo que hago yo) o ir al «zoo» a ver leones y tigres domésticos y sueltos que se dejan acariciar como perros domesticados, y que si te rugen (bluff) les puedes rugir tú también (bluff), y nada más sucede. El león debe pensar: ¡qué tío idiota! Y nosotros: ¡qué tío valiente, yo! La verdad es que no ha habido nunca un mal accidente y que los osos pelean a brazo partido en broma con los chicos.

Es lo menos que esos animales pueden hacer. Viven a cuerpo de rey. Yo le decía a Luisa que le permitiría que se quedara aquí —cuando estuvo— a condición de que nos encerraran a los dos en una de esas jaulas con anchos barrotes y un letrero para mí: «Homo Ibericus Vulgaris» y otro para ella: «Fémina erótica intrepidíssima». Y que vinieran los chicos a echarnos cacahuetes.

Ella estaba de acuerdo, pero hacen falta recomendaciones. No es tan fácil.

En serio. Un día iba a una enorme jaula donde tienen más de cien especies diferentes de pájaros en una relativa libertad (como una catedral con paredes y techo de tela metálica y árboles y arbustos, etc.). Al entrar por un doble zaguán me encontré con uno de los mozos guardianes que iba con una bandeja de aluminio, igual que las de los «lunches» de los aviones, llena de arroz blanco, y encima, en círculo, cinco ratoncitos pelados y sonrosados, con sus rabitos enteros. Yo pregunté qué era aquello, y me dijo: «El almuerzo para un búho».

América es un paraíso para los animales, los niños y las mujeres. Los hombres se desloman trabajando. No yo, claro. Yo me desvivo sin trabajar apenas.

Sobre lo que me dices del incidente de los grabados de Picasso en Madrid, me gusta recordar que llamé al cónsul de España, Eduardo Morales (una excelente persona, perfectamente apolítica), protestando fieramente, y él me dijo que tenía noticias de que habían encarcelado a todos los que intervinieron en el desaguisado. Pero eso no quiere decir que no sucediera también con la pintura de Alberti o con la mía.

Sí, los periodistas dicen a veces idioteces, de tal forma que yo no voy a recibir a ninguno más. Me limitaré a contestar por escrito, en los casos que valga la pena, a cuestionarios firmados por el director del periódico. Porque aunque parezca extraño, vienen por aquí redactores de revistas de Madrid o Barcelona. Y siempre me choca un poco lo torpes que son profesionalmente comparados con lo que éramos nosotros en 1925. Y es que todo se ha envilecido allá. Es natural. Comprendo que quieras estar fuera, y es seguro de que si yo volviera no duraría mucho allá. O me iría, o me echarían.

Pero pasan cosas raras. Cuando el Príncipe Carlos estuvo en Los Ángeles le preguntó al cónsul, según éste me escribió, si estaba en Los Ángeles yo, y si podría verme. Por otra parte he leído que la Duquesa de Alba fue a ver a los Alberti y a darles las gracias por haber cuidado su biblioteca en el palacio de Liria durante la guerra. Y ahora los obispos se declaran contra Franco. Algo está llegando y todos temen que la sangre llegue al río otra vez. (Y si no lo remedian a tiempo, llegará.)

No sé si te dije que he terminado una novela en la que trato de lo humano y lo divino (y las cosas intermedias) metiéndome en cada página en camisa de once varas. Ya te la enviaré. O estoy loco o es lo menos malo que he hecho en mi vida. A mí me gusta (no todas mis cosas me gustan, claro) porque comienza con un incidente insignificante, con una niña de 13 años en el parque frente a mi casa. Una niña que quería llevar su perro feo y viejo a una exposición de perros sofisticadísimos que se celebraba cerca de casa y no se atrevía.

Dime algo de tu novela, «please».

Espero que recibirás el libro casi al mismo tiempo que esta carta. Luego te mandaré otros, si quieres. Soy fecundo como una rata de alcantarilla que trata de cantar cada vez que ve un poco de luz por alguna parte.

Entretanto, te envío abrazos muy muy cordiales y espero tus noticias. Una tarde de domingo que te aburras (deben ser aburridas en Roma) siéntate y escríbeme otra vez.

Más abrazos,

Ramón

63. — A Ramón J. Sender

C. Laforet
Hotel Portoghesi
Via dei Portoghesi,

Roma, 18 [de] marzo [de] 1973

Roma (Italia)[63]

Querido amigo: Hoy encuentro tu última carta y el libro que me enviaste. No sé si te escribí desde la tierra de las Sabinas —Castel nuovo di Farfa— donde estuve una temporada sola, en una casa vacía —estupenda— en lo alto de una colina de viñedos y con una familia de búhos que me acompañaban con sus ruidos nocturnos en el desván. Escribí mucho, pero sobre todo enfoqué la novela de otra manera porque tuve un «arranque» y volví a leer *La Insolación.* Como pasaron tantos años y por las circunstancias, había tomado yo tanta manía a mi trabajo y al libro, resulta que también le había tomado antipatía a los personajes y los estaba haciendo en este libro de otra manera. Pero les he tomado simpatía otra vez y ya sé que no pueden ser como los estaba haciendo. Claro que tienen otra edad y han cambiado, pero

63. Estas son las señas de la segunda dirección postal de C. Laforet en Roma durante la década de los setenta, de donde volverá a escribirle a Sender en 1975, como se indica en la c. n. 73.

hay cosas esenciales en la personalidad que no cambian. Bueno, pues ahora me divierto escribiendo y va deprisa todo...

He recibido una interviú que te hicieron: me gustó mucho ver tus fotografías, el reportaje no... No te veo a ti sino al periodista «arreglándote» a su manera... Tu libro —que había leído— me volvió a gustar mucho —¡Gracias!— hoy se lo llevaré a María Teresa, y mañana te envío su *Menesteos* que a mí me parece tan bueno.

Hoy hace un día tan precioso en Roma que hasta me he dado un paseo —cosa que, por ese tiempo que se me escapa para el trabajo, no me puedo permitir casi nunca. La luz, las casas, las plazas, los siglos, los gatos romanos... todo tenía un grandísimo encanto.

Vivo ahora en el Hotel Portoghesi, Via dei Portoghesi 1, donde ya estuve otra temporada (pero la dirección de los Aza, Via dei Leutari 21 también sirve siempre). Estoy algo entontecida por el trabajo. En abril —a mitad—, viene mi hija Cristina con su niña, Clara, y quiero tenerlo terminado. Después se lo llevaré al editor o se lo enviaré... Después no sé, creo que para el otoño cambiaré de país. No porque Roma no me guste, sino por vivir en otro sitio otro tiempo indefinido. Se ve que nací para vagabunda. Dime si por fin va a ir ahí esa señora tan estupenda, amiga tuya. ¿Por qué no? Si puede y quiere ¿Por qué no? Dale recuerdos míos cuando venga al caso, le tengo afecto sin conocerla por lo que me dices de ella.

No quiero marearte con cartas largas, a mano —es mi manía —¡quiero sólo mandarte este cariño y esta admiración de siempre! (Pierdo la cuenta de cuándo te escribo, porque siempre te escribo mentalmente.) Un fuerte abrazo de

CARMEN

64. — A Carmen Laforet

7 [de] abril [de] 1973

Carmen querida,

Gracias por el libro de María Teresa que he leído de un tirón frente al mar Pacífico, en un sitio que se llama «Rosita Beach» (Baja California, México). Véase la foto. Esto de enviar cartas con ilustraciones tiene su mérito.

El libro de María Teresa es, como tú dices, una joya. Un puñadito de piedras preciosas, y te lo digo yo, que, como sabes, no suelo dar mucha importancia a la parte verbal del estilo.

Tengo la impresión de que al fin te has salido con la tuya, niña inquieta y andariega (no distraída como Santa Teresa, sino más bien abstraída). Quiero decir, que has acabado la novela. Bravo. Yo también he terminado una no muy larga (las 200 páginas de rigor) que va a salir en español en París —recelo de la censura española—, aunque luego probará a darla el editor español también. A ver si pasa. Cinco libros míos han sido impresos (cuatro por Aguilar y uno por Destino) que no pueden circular por España. La censura debe ser una especie de sacristía llena de curas de media casta —creo que los llaman diáconos—; la mitad, pedantes, y la otra, analfabetos. Bien nos fastidian. Ponen a nuestra inteligencia cendales bendecidos, como al cuerpo de Cristo en la cruz, cendales por las ingles, para corregir y mejorar la obra de Dios.

Pensarás que con todas estas cosas yo iré al infierno, y no

me importaría gran cosa si no supiera que allí me voy a encontrar a todos los curas que he conocido —y a los que he tratado de evitar— en este mundo.

Aquí se está bien, aunque a veces la cosa respiratoria no funciona bien y tengo que tomar «tranquilizers» que, cuando dejan de funcionar (más o menos cuatro horas), me ponen más nervioso que antes. He ahí la razón por la que no conduzco coche, y tienen que llevarme y traerme mis amigos. Afortunadamente, nunca me faltan, y como voy siendo viejo, y ellos también, casi todos están retirados y les sobra el tiempo... Si estuvieras aquí te llevaríamos a muchos sitios encantadores. Acabo de pasar tres días en una chocita (agua caliente y fría, 'frigidaire', heladora de bajísimas temperaturas —se puede congelar a un fariseo y tenerlo tres siglos duro como una piedra), buena música, una india bonita para hacer las camas, un cocinero francés en la chocita de al lado (loco como una cabra), retirado después de grandes años gloriosos en el Waldorf Astoria, que hace maravillas dando su bendición a las langostas u otra animalia que sacamos del mar, etc., etc. Delante, todo el mar azul en una comba de más de 600 millas de norte a sur. Se duerme allí como debíamos dormir de pequeños en los brazos de nuestra madre.

Y hablamos de todo menos de literatura (ninguno de ellos sabe una palabra de estas cosas).

Tengo cuatro amigas regulares, pero ahora voy a ver si las alejo un poco —de manera permanente— sin pelear. No hay que pelear nunca con una mujer (su debilidad las hace invencibles). Dos de ellas están locas y las otras dos son tontas (no sé por qué siempre me tocan esa clase de criaturas, en la vida). La mejor manera de alejarlas (claro) es traer otra y tenerla más cerca. Las cuatro de las que te hablo vienen ocasionalmente de Los Ángeles. Pero ahora me llama de Madrid dos o tres veces cada mes (debe estar arruinándose con el teléfono, la pobre) esa amiga de la que te hablé hace un año. Quiere volver aquí. Y dice que quiere ser la mendiga de *El fugitivo*, aunque se rompa una pierna. Ella no comprende que esas mujeres de nuestra imaginación nacen y mueren en ella, y son nada más y nada menos que nuestro amor por el amor. En todo caso, para producir la desbandada de las otras (cuando vean que vive permanentemente conmigo) será muy del caso. Yo la estimo mucho, pero me siento solo con ella, también por la razón que tú me dijiste un día: sólo nos acompañan las personas a quienes de veras queremos.

Dirás que todo esto a mi edad parece absurdo. Es verdad. A mí también me lo parece, pero, ¿qué le voy a hacer? Hago el amor con mucha menos frecuencia que antes, pero cuando lo hago me siento tan bien, respiro un aire tan limpio y me dura el bienestar tres o cuatro días. Yo sé que podría hacer el amor cada día (¡qué muchachas van viniendo al mundo ahora que uno se marcha, Santo Dios!) pero moriría —supongo— en dos o tres meses. Tampoco esto me importaría, pero hay algo peor. Podrían desquiciarse mis pobres nervios tan castigados y vivir largos años todavía como —ellos perdonen la comparación— Maupassant o Nietzsche. El primero por hacer el amor demasiado y el segundo por no hacerlo (al parecer) nunca.

Como ves la cosa es difícil. Siempre todas las cosas son difíciles y uno se asombra de lo fácilmente que hemos venido a la vida, lo fácilmente que la vivimos, y lo fácilmente que nos marchamos. A pesar que las tremendas dificultades secretas que tú conoces y yo conozco (he visto varias veces las puertas del infierno, dentro de mí, y son muy superiores —mucho más horrendas— que todo lo que dicen los curas de media casta o de casta entera. Peores de todo lo que imaginaba tu amiga Santa Teresa). Así y todo aquí está uno. Y así espero seguir estando, ya que no hay a mi alcance nada mejor.

No sé si te dije que en la Universidad donde tú estuviste conmigo en Los Ángeles me dieron un «honoris causa» y después una serie de fiestas (los profesores del Departamento, los decanos, etc., etc.). En la cena de los profesores de mi departamento —incluida Dorothy que tú conoces— tuve a mi izquierda una niña (había sido mi estudiante y ahora —¡ay!— está casada y tiene incluso un bebé) que es la obra maestra de Dios desde el comienzo de la creación. Yo cuando la veía en los pasillos le decía: «Hola, muñequita mía».

Y ella, mirándome diagonalmente y bajando la voz, me decía con los ojos dormiditos: «Hola muñecón». Yo sé que es una tontería y es la primera vez que lo cuento. Bueno, pues en la comida de los profesores estuve diciéndole las cosas más bárbaras y delicadamente incendiarias que se pueden decir a una mujer y ella me respondía en el mismo tono (era un milagro). Me ha prometido venir a verme, y, si viene, no volverá a saber nunca nadie nada más de mí. Nos iremos a algún lugar donde nadie pueda nunca encontrarnos, cambiando nuestros nombres, y allí viviré un mes o diez años más, o tal vez veinte (¿quién sabe? hay milagros). No creas, sin embargo, que estoy loco. Estoy mucho más que loco. Por eso no haría nunca una tontería o una locura de ésas que la gente entiende como tales. Haría otras cosas, no sé cuáles. En todo caso tú serás la única que lo sabrá.

Entretanto, viene dentro de dos semanas esa amiga por la que me preguntabas. Tiene lo que tú llamas la «edad corriente» y es una excelente persona. Tan buena que si llegara el caso me perdonaría que la dejara por la otra. Claro es que en nada de lo que yo hago con las amigas hay el menor asomo de eso que se llama mezquinería. Puedo ser injusto, y hasta bárbaro, pero nunca bellaco. Eso no.

Tú dirás, ¿y a este señor quién le ha dado permiso para contarme tantas cosas que a nadie pueden interesarle más que a él mismo? Es verdad. Pero a pesar de las cuatro amigas de Los Ángeles y de los amigos que me llevan por ahí, uno está 'abrumadoramente' solo. Menos mal que tengo también enemigos —al menos entre los del oficio— y eso de un modo u otro le liga a uno al menos con la tierra que pisa.

Te quiere como siempre,

RAMÓN

[Manuscrito en el margen izquierdo de la primera página sobre la foto del autor:] Perdóname esta manera indecentemente confianzuda e intimista de escribirte.

R.

65. — A RAMÓN J. SENDER[64]

Gijón, 11 de septiembre de 1973

Queridísimo amigo: Hoy recojo mis papeles para marchar de aquí. Y encuentro tu carta del 7 de abril. ¿Es posible que no la haya contestado? Sé que no lo hice en Roma porque hubo más de un mes de huelga de correos y me pareció que era mejor esperar el final de esa huelga —siempre es algo insegura allí la correspondencia y con este motivo más aún—. Después la misma huelga, aumentada con telégrafos y teléfonos, me hizo salir de Roma y de Italia, bien a mi pesar, pero por necesidad de comunicar con editores, etc., y preparar mi plan económico. Para ello aproveché el viaje en furgoneta que hicieron a Roma mi hijo Manuel, un hippie de veinte años, y su mujer o novia, Liven (norteamericana de origen noruego); ellos me trajeron en la furgoneta. Yo me quedé en Barcelona a arreglar mis asuntos y ellos siguieron viaje con mis libros, papeles, etc. Cuando llegué yo a Madrid ellos no habían llegado (ni mis papeles por supuesto). En un pueblo de los Monegros se les rompió la furgoneta. Cada vez que intentaban salir de allí, la furgoneta se les rompía otra vez. Yo, mientras tanto, estaba en la finca de unos amigos muy queridos, cerca de Madrid, donde esperaba por fin, terminar mi

64. Ésta y las otras dos próximas cartas escritas desde Madrid interrumpen el ciclo de la correspondencia romana por parte de Laforet.

libro.[65] Pero, entre que la «jetatura»[66] de ese libro continuaba y lo mucho que tenía escrito a mano estaba en la furgoneta de Manuel y Liven, viví desinteresada y malhumorada por eso de estar desinteresada de mi trabajo, dos meses.

Al fin llegaron mis cosas —tu carta entre mis papeles queridos— comprendí que en la finca de mis amigos estaba demasiado bien y con ayuda del editor, y por la casualidad de conocer aquí en Gijón a unos amigos que me buscaron un apartamento, me vine a trabajar en serio. Y lo hice. Empecé otra vez la novela —que no tiene de particular más que eso, el esfuerzo contra mi «jetatura» que hice en ella— y la escribí y la terminé, y he vuelto a encontrar gusto al oficio, y ahora quiero escribir enseguida la otra tercera de la trilogía; pero necesito descansar un poco, y sobre todo saber adónde me voy. No sé si vuelvo a Italia, o me voy a París o no tengo posibilidad de hacer nada de eso en unos meses. Esta inseguridad de la vida no me molesta en absoluto, sólo me fastidia el traslado de libros de un lado a otro —aunque son muy pocos, pesan, y la inseguridad, no por inseguridad en sí, sino porque es la de no saber si me voy de España o no me voy por ahora —cuestión económica nada más— y porque quiero aprovechar la racha del escribir para hacerlo y para eso es necesario —para mí al menos— soledad o, mejor dicho, independencia, y una habitación donde a las horas de escribir tenga calor.

Mientras tanto tu carta me alegró mucho, pensé en ella muchas veces y hasta casualmente —porque me desentendí de periódicos y noticias— vi una interviú contigo en *ABC*. Mucho más prefiero tus noticias directas, porque en esas in-

65. Se refiere a la finca de Itho Parra y su esposa Loli en Torrelaguna, que ya había mencionado en la carta n. 53. Itho Parra es el autor de *Monstruos Domésticos*, Planeta, Barcelona, 1973, para quien la novelista escribió el prólogo de este libro, posiblemente durante esta misma estadía que la autora menciona en este momento.

66. «Jetatura» es el término italiano, que en realidad se escribe con doble consonante («jettatura»), que utiliza Laforet por su significado o sentido de «malaventuranza» para resumir ese presagio negativo contra su libro, el segundo de su trilogía, que nunca ha llegado a publicarse.

terviús los periodistas se arreglan para dar su propio matiz a las cosas, pero siempre me alegra verte, y saber que al fin en España se te lee. Y mucho dentro de lo que se lee aquí, no sólo el grupo de intelectuales sino todo el mundo. Eres magnífico y tienes más fuerza que Pizarro. Digo lo de Pizarro porque siempre me reconfortó pensar que fue a los 50 años —que en la media de vida de entonces debía ser los setenta y cinco o así de ahora— cuando decidió crecer hacia su juventud (la frase que también me gusta es de Lou Salomé, la amante y amada de Rilke), y hacer algo nuevo, y se le ocurrió conquistar Perú. Y fue y lo conquistó.

Tú has hecho eso siempre y te admiro no sólo como escritor —creo que eres el más grande de los novelistas españoles— sino como tú, como personalidad y también me reconfortas así, como personalidad. Y las cosas que me cuentas no me molestan en absoluto y sé por qué me las cuentas; porque soy amiga tuya, y de muy distinta idiosincrasia respecto a los amores y amoríos, pero que en ti son expresión de esa fuerza tuya en todo, acompañan a tu poder creador y por eso me gusta saberlo. Personalmente te diré que físicamente sólo he conocido un amante y ha sido mi marido, y fue bien en ese aspecto; pero mi fuerza va por otra parte de mi ser, y en ese asunto soy completamente objetiva y comprensiva, y quizá lo sea, porque no me hace falta alguna personalmente, aunque en cambio las cosas de tipo sentimiento, espíritu o lo que quieras llamarle, pueden ponerme en peligro continuamente (en peligro de mi independencia dichosa, que parece que es lo que me arrastra más; pero, claro, lo divertido de la vida es que uno no sabe nada en el fondo, sólo va constatando las constantes de la propia personalidad y por eso me gustaría vivir aunque fuera sólo doscientos años, a ver si me entero un poco).

En fin, querido amigo. Voy a ver por mi parte si hago como Pizarro y emprendo la marcha a conquistarme yo misma, y a volver a hacerme escritora, que, dentro de todas mis limitaciones, parece que es lo que me va más. Aparte de eso y aunque no lo parezca, soy una madre preocupadísima por lo poco que puedo hacer por mis hijos. Mis tres hijas son formidables. Cristina —que es la segunda, la que tú has mimado y con la que te escribiste cuando estuvo en USA— es la segunda en edad, pero además es casi la primera para mí, no porque la quiera como hija más que a los otros, sino porque ella me demuestra siempre más amor a mí que nadie. Es una chica preciosa de alma y de cuerpo, por ahora su matrimonio es un éxito total: en cariño de los dos, en compenetración en trabajo, en ilusión por la niña que tienen, etc. Marta, la mayor, también casada y también feliz, y también con una niña que ahora tiene seis meses, también me da alegría. Y Silvia la tercera, que vive independiente y gana muy bien su vida, también me da alegría por esa fuerza que tiene (también es muy bonita ésta, además). Manuel, mi hippie, es otro cantar. No porque no me guste su manera de ser, ni porque no sea guapo —los dos chicos, cada uno en su estilo, son más guapos que las chicas— pero aparte de los pelos horrorosos que lleva, es demasiado débil en el sentido de que aunque está dotado intelectualmente, y físicamente, toma la vida como si siempre tuviera que tener veinte años, y deja cualquier estudio en el momento en que le divierte más [por] andar por el mundo, y tiene la suerte (que me da miedo) de que por ahora todo le sale bien al minuto, pero temo que le deje de salir en el momento en que necesite hacer algo para lo que no se prepara. Agustín, el pequeño, también lleva unas melenas de aúpa (en vista de esas melenas de mis varones yo rapé la mía, como las mujeres espartanas); éste es un chico genial, de veras, en sentido intelectual, y, aunque no quiera aprobar, aprueba siempre sus estudios, pero es tan niño en compensación con su madurez intelectual, y su padre, según me parece, no sabe darle una pauta, y yo que sí sé, no puedo hacer nada, porque, en primer lugar, no quiero convertir a mis hijos en peones de un juego al que no me presto (no los quiero para mí, sino para ellos mismos), podría jugar «al ven conmigo», pero aunque sabe el chico que dondequiera que yo esté es su casa, no hago eso, y si le doy un consejo —y se lo doy— me encuentro con que su padre apoya lo contrarío, y es que deje los estudios en parte —estudiaba en el Liceo Francés, jamás le han suspendido y ahora quiere y va a dejar el último año de bachillerato francés sin hacer, y terminar sólo el de español y dedicarse a, dice el pobre, a vivir entre gente campesina u obreros y arrastrar a sus amigos a hacer «vida en comunidad». Y todo me parece bien, pero un poco más tarde, cuando tenga las puertas abiertas a una carrera en España o Francia (acaba de cumplir dieciséis años y le falta sólo uno para terminar los estudios de los dos bachilleratos)... Pero en fin, como te digo, nada puedo hacer más que dar a mi hijo la seguridad de que yo estoy para él, y para todos, en el momento en que me necesite.

De todas estas cosas y otras he tenido que huir, para poder inventar mi intrascendente novela. Porque estas cosas son las que me arrastran y me sacan de mí misma y si te las cuento es por la misma razón que tú me cuentas las tuyas al margen de tu trabajo, y que, sin embargo, son cosas de las que tu vida se nutre o se expande o se arregla o se estropea.

Bueno, no quiero cansarte más. Voy a buscar, para mandarte mi recuer[do] —ya que a mí me dio tanta alegría tu foto—, una foto de las que me hizo mi hija Cristina en Roma —fue a verme la primavera pasada— donde me verás en mi salsa de ahora, con mis melenas al rape y mi anorak que lo mismo me sirve para la sierra que para la playa. ¡Y dejo de darte lata!

La dirección ahora, mientras te aviso por donde estoy, es calle José Luis de Arrese 11, Madrid — 17. Desde allí me enviarán una carta tuya si llega, a donde yo esté.

Con esa admiración mía, y ese profundo afecto, gratitud por tu amistad y siempre, siempre, mi recuerdo,

CARMEN

P.S. / Bueno, ahora con la recogida de los papeles tampoco encuentro esas fotos mías: Yo te envío una si tú quieres en cuanto aparezcan.

66. — A Carmen Laforet

6 [de] oct[ubre] [de 19]73

Carmen querida,

¡Cómo me gusta tu foto! El pelo gris-azulado te va estupendamente y sin adulación ninguna (a mi edad los piropos serían ridículos) puedo decirte que eres más joven ahí que cuando estuviste aquí. Estás de veras hermosa. ¡Cómo me alegro, porque es una clase de bonitura que sería imposible si no fueras feliz! La nietecita en el fondo es un toque de veras poético.[67]

Como ves me has impresionado, de veras.

Veo también que estás en vena de trabajo. A ver si terminas esa trilogía. Yo creo que los planes de trilogías (algo estructuralmente largo y fatigoso) nos dan pereza y nos paralizan un poco.

Estando como estás en la foto, rebosante de juventud y de salud, debe ser relativamente fácil trabajar. Aun escribiendo las novelas magníficas que escribes.

Bueno, no voy a insistirte en eso de venir por aquí. Prefiero que un día digas ¡allá voy! Y nos des a todos la gran sorpresa. Aunque no es necesario que te lo diga, tú sabes que te

67. Como podemos apreciar, Laforet pudo recuperar su foto, de la que hablaba en la carta anterior, y enviársela a su destinatario, quien ahora la comenta con tanto placer. Foto también disponible en esta epístola.

Carmen Laforet en Roma en la primavera de 1973. Al fondo al lado izquierdo podemos apreciar a su nieta Clara de dos años de edad.

respeto tanto como te quiero y te admiro, y por lo tanto, si vienes, será como tú quieras, y si te quedas aquí dos meses o dos años será también —naturalmente— como a ti te parezca más adecuado. *La verdad es que nosotros nos burlamos un poco de nuestros hijos, pero somos tan «beatniks»[68] como ellos en el fondo (que es lo que importa) y en el buen sentido, como lo son ellos. Quiero decir que no son escandalosos sino en eso del pelo y de esperar que les caiga el maná del cielo. Pero quieren a sus mujeres o a sus maridos, son fieles a sus amistades y limpios en la mente, ya que no en el traje.

Mi hijo era, hasta hace poco, tan irresponsable en eso del dinero como el tuyo, pero yo me negué a ayudarle (sólo le ayudaba cuando trabajaba) y ahora parece que ha encontrado el camino. Te envío una foto que ha salido el otro día en *Los Angeles Times* (él y su mujer).[69] Como ves, lleva el pelo cortado, y es que estuvo a verme hace quince días y no ha tenido tiempo de crecerle otra vez.

Si vieras el libro que han publicado no podrías creerlo. En primer lugar no está compuesto con tipos de imprenta sino manuscrito y fotografiado, con dibujos en cada página, música (compuesta por mi chico) de vez en cuando y páginas enteras en colores, parejas desnudas adorando al sol con las diferencias sexuales bien definidas (no viciosamente sugestivas, claro) capaces de ruborizar a un guardia civil. En fin, son chicos liberados (liberados, ay, por nuestros libros incluida tu *Nada* de fondo nihilista —dulce y terriblemente angustioso—). No tenemos derecho a lamentarnos.

Y vamos entrando en un mundo del todo diferente. Si comparas nuestros días de ahora con los de hace SÓLO vein-

68. El término proviene de la llamada generación «Beat» que fue denominada por el escritor Jack Kerouac. Se le dedicó a un pequeño movimiento literario con influencia, compuesto por un grupo de escritores desilusionados después de la Segunda Guerra Mundial en Norteamérica, e incluyó autores como Allen Ginsberg y William Burroughs, etc.

69. Véase copia del recorte de periódico que menciona el autor al finalizar esta carta.

Ramón Sender (hijo) con su esposa Alicia Bay Laurel en la promoción de su libro *Being of the Sun*, un libro escrito a mano en 1973 que expresaba su adoración al sol. Esta foto fue publicada en el diario *Los Angeles Times*.

te años te asombrarás, ¿verdad? Lo terrible en mi caso es que tengo una sensibilidad tan juvenil como a los 18 años, y que sé que estoy viviendo mis últimos años, y que dejo un mundo de maravilla. ¡Qué muchachas se ven, Dios mío! Y a veces vienen a casa casi desnudas, escuchan mis improperios contra sus «maridos» o amantes (que las acompañan y que me oyen sin chistar) y después de hartarme de decirles —a ellos— que parecen «blue nose baboons» (monos africanos de nariz azul) y que querer distinguirse por la apariencia física es un signo de inferioridad, etc., etc., cuando creo que me van a insultar me dicen que han leído un libro mío que les gusta, y al marcharse, sus muchachas (realmente divinas, a veces) me abrazan casi religiosamente, me besan en cada mejilla y me dicen dulcemente «Bye, bye, father» como si tal cosa. Lo hacen así (llaman padres) a todos los hombres de más de sesenta años. Y yo las veo salir sintiéndome celoso, incestuoso, enamorado y muriéndome de envidia, pero naturalmente contenido por miedo al ridículo. ¡Es un suplicio a veces! No en el mal sentido (tú me entiendes) sino en el sentido que un profesor pedante diría ontológico.

Políticamente, las cosas se van poniendo feas. Los rusos quieren acelerar las etapas y ponen a los árabes por delante, a ver qué pasa. Pero el juego es más peligroso que nunca. Y mira por dónde vienen a coincidir los rusos y tus amigos (?) españoles en su solidaridad con los árabes. Yo hace tiempo que no me extraño de nada, pero todavía me cogen por sorpresa algunas cosas. Hay que acostumbrarse, sin embargo, a la confusión. Al nuevo orden va a preceder una tremenda confusión que ha comenzado ya hace algunos años. Lo de Chile ha sido una vergüenza, ahora vendrá la experiencia de la Argentina y del Uruguay (sensacionales también) y... Bueno, dejémoslo. A mi edad, lo único que espero (y deseo) es poder seguir trabajando hasta el último día, y que éste llegue lo más rápidamente posible, y con la menos intervención posible también de médicos y de medicinas. Quiero mi muerte natural (la que nos da Dios) y no la que nos dan las farmacias y hospitales.

Por lo demás, espero lo que dirá tu marido sobre la segunda parte de *Nancy* (supongo que no se atreverá a darla), y entonces esperaré que alguien quiera publicarla por estos barrios junta con la tercera que estoy terminando. Después creo que no escribiré ya nada más. Me aburre el oficio y luego hay tan poca comprensión... Sólo los críticos alemanes o ingleses dicen de vez en cuando cosas que valen la pena. En España no hay crítica. Sólo hay bombos o mala sangre. Y ninguna de esas cosas nos interesan, ¿verdad?

Te envío como siempre mi admiración y un abrazo con el cariño de tu viejo amigo,

RAMÓN

*Florence, encantada de tenerte consigo.[70]

[Manuscrito:] Verás que mi chico es de buena presencia, un poco más alto que yo, atlético, etc. Se crió aquí desde los tres años y ha tomado el aire del país. Tiene éxito con las damas, el sinvergüenza, y también la culpa la tengo yo porque cuando tenía 15 años estábamos veraneando en un lugar marinero cerca de Nueva York y yo lo veía en un enjambre de gente joven, con fiestas todos los días, pero lánguido y triste. Lo llamé aparte y le dije: «Mira, Ramón, debes aprender de una vez que no hay ninguna mujer en el mundo que se sentirá ofendida si tratas de besarla». Lo aprendió demasiado bien, el granuja. La «esposa» actual es la quinta (sin haber peleado con las anteriores porque los «beats»[71] no pelean). Por

70. Nota escrita a mano en el margen izquierdo de la primera página. Se trata de Florence Hall, la ex esposa norteamericana de R. J. Sender, quien una vez fue su estudiante. Se casaron y se divorciaron en dos ocasiones. Durante su primer matrimonio, Sender obtuvo la nacionalidad americana. Florence compartió momentos profesionales con su esposo, especialmente al colaborar en las publicaciones y las traducciones al inglés de la obra del autor. Como ambos vivían en San Diego, también lo asistió durante sus últimos años (tal como el mismo autor lo describe en la c. n. 40), hasta su muerte en 1982.

71. Por «beats» o «beatniks» se refiere a los miembros del movimiento artístico mencionado anteriormente. El adjetivo fue utilizado eventualmente para cualquiera que viviera una vida bohemia o rebelde por naturaleza.

eso te decía que he tenido alguna culpa en sus desórdenes. No quería que fuera un inhibido ni —horror— un puritano.

R.

Addenda

Olvidaba decirte que cuando puse en la carta eso de mujer del titiritero me di cuenta enseguida de que las falditas rizadas (ellas solas) no te iban. Comprendo lo que dices. Pero así y todo me gustaría que cuidando los leones —y hasta domesticándolos tú misma, de lo que eres muy capaz— tuvieras algún detalle especialmente delicado (los leones te obedecerían mejor).

En todo caso has producido, criado y domesticado a cinco leoncitos. Y como decía no sé quién (creo que Franklin) la mano de la madre gobierna el mundo. Yo también lo he creído siempre. Es decir «debiera gobernar el mundo». Porque es la única mano que no se equivoca nunca, en la caricia ni en el castigo.

Yo creo que aquí trabajarías a gusto. Esto es como el limbo, entre el parque y el mar.

Y a mí me gusta pensar en mí mismo como en una especie de padre «honoris causa» de Carmen Laforet.

¡De veras, eres una vagabunda! Tu carta anterior fue en la costa atlántica, ahora en Alicante. ¿Dónde, la semana próxima? Es que los canarios sois muy trotamundos, y sois también, según experiencias anteriores mías con amigos, la gente más sociable y comunicativa. Esto es raro entre los españoles, sobre todo entre los castellanos.

Tus novelas me gustan más que las mías y son mejores en varios sentidos. Sobre todo ahora, que soy viejo y nervioso (impaciente) y raro. Tú tienes una serenidad y una armonía envidiables, y sabes dar matices y tonos suaves (el famoso claroscuro) que yo no sé. Di a tu editor que me mande el libro en cuanto salga. Escribiré sobre él para los periódicos hispanoamericanos (y dos españoles, uno en Barcelona y otro en Zaragoza, que se han suscrito a A.L.A.). ¡Tengo tantas ganas de leer algo nuevo tuyo!

Los Alberti son muy sectarios y la política todo lo ensucia. A pesar de eso yo admiro a Rafael como poeta y a María Teresa como mujer (casi todos sus amigos hemos estado y seguimos un poco enamorados de ella). Espero que viven muy bien y que no tienen dificultades. Fue una buena idea que se marcharan de la Argentina.

En cuanto a los comunistas italianos, con decir que ocasionalmente hablan bien de mí en sus periódicos (incluso de algún libro mío antiestaliniano) está dicho todo. Parecen discrepar del fondo fatalista y sangriento de los rusos. Yo he pensado a veces ir a Italia, pero me hacía vacilar la idea de que está superpobladísima y a mí me gustan más los lugares con poca gente. Un restaurante casi vacío, un cine con sólo dos filas ocupadas, un avión con cinco o seis pasajeros nada más me parecen mucho mejor que cuando están llenos.

Y luego los italianos que he conocido eran gente bastante gregaria y un poco charlatana. Claro es que la emigración italiana es casi siempre la llamada emigración económica (los que buscan el pan en otra parte) que es lo peor de cada país.

Pero, claro, adoro la tradición italiana, las artes, la historia (todo menos la ópera).

Aprovecho esta addenda (que decimos los profesores) para abrazarte otra vez, niña bonita.

R.

67. — A Ramón J. Sender[72]

28 de mayo [de] 1974

Querido amigo: que tú vengas a España y que yo me entere hoy es algo que no me perdono. Si hubiese leído la prensa (como debía) habría estado en Barcelona para recibirte (¡a pesar de que tú y mi nieto próximo a nacer me parece que llegáis al mismo tiempo!). Desde Zaragoza te escribí la última vez en noviembre. No sé si te llegó mi carta. (Una hija que tengo en Canadá recibió otra que eché al mismo tiempo en el mes de febrero) pero hubiese vuelto a escribirte igualmente de no haber tenido una especie de imposibilidad de hacerlo: una paranoia de preocupación maternal por muy distintos motivos (mis motivos son cinco como sabes y los preocupantes eran sobre todo tres...); aparte de eso, no estaba buena y me sentía como presa en Madrid.

No sé si te veré en este viaje. ¡Qué pena! Yo estoy ahora por dos o tres semanas —creo— en casa de mis hijos Cristina y Antonio Custodio (Dirección larga): calle Oeste Nº 9, *Colonia Ros-Mary.* Majadahonda-Madrid. Teléfono 6371490 —. Después, la dirección más segura donde me recogen las cartas es la de José Luis de Arrese 11-2º D, Madrid-17... Des-

72. Esta carta es conmemorativa, porque trata del regreso y la visita de Sender a España, después de su exilio desde 1939. Sabemos que Laforet fue invitada, entre otros escritores, y asistió al encuentro con Sender en Madrid, el 8 de junio; véase la revista *Destino*, 1974, y J. Vived, ob. cit., pág. 584.

pués... (espero comunicar contigo antes). Si te quedas en Europa algún tiempo (Francia o así), creo que podría ir a darte un abrazo, en caso de que no vinieras antes en esas semanas en que estaré en Madrid. (Leeré atentamente el periódico por si acaso.) Voy a ver si logro hacer hoy un artículo sobre tu llegada para Destino, para darte mi bienvenida particular. ¡También te mando a la Biblioteca Central un telegrama! Con el cariño, admiración y gratitud de siempre un abrazo de

CARMEN LAFORET

68. — A Carmen Laforet[73]

14 [de] sept[iembre] [de 19]74

Carmen querida,

Como verás, Luz está aquí este fin de semana.[74] Me ha enseñado tu carta y lamenta muchísimo que no estés en condiciones de venir para este semestre. La universidad había anunciado ya todo. Pero ahora dicen que «aplazas tu visita para el año próximo». Naturalmente, la Universidad te pagaba el viaje también. Y te obligaba a dar solamente una clase por semana, un seminario —dicen aquí— de dos horas y media para hablar de autores españoles de tu elección. Con un sueldo alto («half time») de seiscientos y además tendrías otras conferencias, por cada una de las cuales (en otras universidades) te pagarían entre 150 y 200 dólares.

73. De esta fecha en adelante veremos las cartas cruzadas entre los autores luego de su encuentro en Madrid, el 8 de junio de 1974, y de aquí que comenten de nuevo la posibilidad de ayudar a Laforet para obtener una posición docente en una Universidad de los Estados Unidos. En esta carta obtenemos también los comentarios de Sender sobre su viaje a España.

74. A partir de esta fecha, al mencionar o al hacer referencia a Luz, los autores se refieren a la profesora Luz Campana de Watts, que acompañó al autor en su visita a España en 1974, momento en que la profesora Watts y C. Laforet se conocieron. Véase *Veintiún días con Sender en España*, Destino, Barcelona, 1976.

Claro es que todo esto será igual el año próximo. Luz está decepcionada y la Universidad también. Pero te quieren igual, te admiran y te esperan.

No tienes que preparar nada. Sólo quieren que hables con los alumnos de igual a igual, y les digas lo que se te ocurre en el momento. Es por cierto un sistema más eficiente que el antiguo, de profesores que se creían el Dios del Sinaí y lanzaban parrafadas sonoras y hueras excátedra. Aquí creen que la comunicación personal de una persona superior como tú con los muchachos les hace asimilar en diferentes niveles de la mente cosas que no tenían. A veces por el destello de los ojos, el gesto, el tono de voz. ¡Y lo que averiguan detrás de las palabras dichas espontáneamente y sin «premeditación»! Algo como las tertulias españolas del Ateneo o los cafés literarios. Te digo todo esto porque parece que tienes miedo al lado pedagógico de los EE.UU. Deberías tenerlo a la pedagogía española, pero no a la de aquí.

Veo que las cosas de España se precipitan hacia una salida violenta, y lo siento. Pero la «salida» será sin duda mejor. Todo el mundo sabe que sin libertades no hay nada que hacer, y todo se lo va a llevar el diablo si no hay la famosa y franca apertura. Creo que en mi caso tienes razón. No debo decidir ir ahí para siempre. Pero puede ser que caiga por ahí en octubre. No lo sabrá nadie, y cuidaré mi soledad y mi anonimidad con cuidado. La gente del Mediterráneo (Fundación) es la mejor que he conocido en toda mi vida. Claro es que en tres semanas y «en visita» no se puede profundizar mucho, pero la intuición no falla casi nunca [en] esos casos.

Perdona los errores de la máquina (son míos, porque te escribo con demasiada fruición). Pero tú la entenderás. Sí, he descansado. En realidad no me fatigué nunca ahí; de tal modo el espíritu domina mi ya pobre cuerpo. Aunque lo maltrato bastante y a veces olvido mi edad, y quiero vivir como cuando tenía 20 años. Lo peor es que lo consigo, a pesar de todo. Dios me mira y se debe divertir mucho conmigo. Yo quiero, o quisiera, estar lo más dinámicamente vivo hasta el último instante.

No sé si tú has escrito antes de ahora dictando. Yo te confieso que cuando he dictado he tenido que corregir las páginas de la mecanógrafa tanto que lo que resultaba al final era del todo nuevo. Quiero decir que como para mí escribir la primera versión en la máquina es penoso y aburrido, pero corregir es un placer, lo que resulta de un dictado es un poco (bastante) caótico. Y te lo digo por si tú te decepcionas a veces viendo el resultado de tus primeros borradores dictados. Últimamente escribo yo todo, porque aquí una taquígrafa en español es difícil de hallar, y si la hay es muy cara. Pero también tiene la ventaja de que el resultado es más rápido y menos malo. Te digo todo esto por si te es útil a ti.

Pude ver que hay la misma gente insidiosa y amiga de perfidias y traiciones que hubo siempre en nuestro campo literario. Inquinas secretas, envidias quizá —aunque no sé por qué— y en todo eso algún riesgo implícito. No tengo miedo a un tiro en la calle, pero sí a la incomodidad de percibir que no lo quieren a uno sin saber por qué razones.

Si voy, pues, seguiré tu consejo. Conservaré el nidito aquí y vendré como las golondrinas vienen el 19 de marzo todos los años, a una misión española antigua que hay cerca, por ahí. (Pongamos mejor los murciélagos o los cuervos, porque yo no resisto la comparación con las aves hermosas.)

Nada más. Luz quiere escribirte. Te envío un fuerte abrazo.

Ramón

69. — A Ramón J. Sender

Calle Oeste 9, Colonia Ros Mary
Majadahonda, Madrid

7 [de] marzo [de] 1975

Sr. D. Ramón J Sender

Queridísimo amigo, ¿puedes creer que hace meses que pienso casi diariamente en escribirte sin llegar a hacerlo? Yo creo que sí, que tú puedes pensar eso, porque, aunque jamás he visto un caso de trabajador tan constante y genial como el tuyo, sé, porque me lo has dicho que pasas temporadas de depresión y no escribes cartas. A mí, después de estos dos últimos machacantes años, después de que en los últimos meses empezaron a aclararse las nieblas sobre mis preocupaciones por mis hijos (que me parece que son personas de suerte, a las que al fin y al cabo les sale a flote una personalidad buena y sana, y unas circunstancias favorecedoras les encarrilan), en fin, después de todo eso, me sentí medio entontecida y me puse a descansar. Te escribí a principios de diciembre, según creo —de que te escribí estoy segura, de la fecha exacta no— contándote que pasaba las fiestas en Águilas (Murcia), después de haber preparado mi salida de España —para trabajar fuera, siempre con la manía esa— para París (y estalló la huelga general francesa), y como iba aprovechando el viaje de una amiga que conoce gente en París y me buscaba un lugar donde yo pudiese estar tranquila y acomodada con mi economía —pues ya se fue al traste lo de París con las huelgas, y entonces fui a tomar informes a una agencia, sobre Londres y viajes allí, etc. Porque también me gustaría vivir en Londres algún tiempo y además no lo conozco, y sé que está barato. Ese mismo día que vine con una serie de presupuestos de viaje para estudiarlos, llegó mi hijo Manuel que estaba en un campo, en la finca de un amigo, y me dijo que le gustaría pasar conmigo el tiempo en que tardase en entrar en el servicio militar, que resultó que era poco, porque entraba a primeros de enero. Dejé mi viaje fuera de España para más adelante, y busqué algún sitio donde pasar diciembre con ese chico y el perro Lazlo (ya sabes cuántos inconvenientes hay aquí para los perros, que tanto a mi hijo como a mí, nos encantan). Lazlo es un perdiguero de Burgos muy grande, y mimoso como un chico, porque lo crió la novia noruega que tuvo Manuel. En esta tesitura —como se dice ahora— aparecieron mis nuevos consuegros —los de mi hija Silvia, la más joven, que se fue a Italia este verano dejando abandonado su trabajo, etc., y sin esperar a que yo fuese (por lo que cambié todos mis planes, porque no me gusta ir detrás de los hijos mayores de edad, etc.)—. Bueno, pues resultó que Silvia se fue porque se fue a trabajar allí su amor, que es el hijo del actor Paco Rabal, y que iba a Italia a estudiar y trabajar en el cine en plan de aprendizaje, porque quiere ser director. Una vez hecho todo eso de la fuga resultó que Paco Rabal y Asunción, su mujer, que son personas enormemente generosas, protegieron el matrimonio de los chicos, aunque Benito no tiene más que veinte años. (El otro día leí en una revista de cine que mi nuevo yerno dirige películas y que ya tienen él y mi hija un niño de ocho meses... No es cierto, pero sí que hace ocho meses que esperan niño o niña, y que el chico ha trabajado y trabaja de ayudante de dirección.) En fin..., te iba contando que cuando yo buscaba una casita en el campo para pasar diciembre con mi hijo y el perro Lazlo, aparecieron los Rabal y me contaron lo del matrimonio, la felicidad de nuestros hijos en Roma, lo que quieren ellos a Silvia y lo contentísimos que están de que tengamos juntos un nieto. También al saber lo que yo andaba buscando aquellos días, se empeñaron en que aceptase su casa de la playa en Calabardina, Águilas (Murcia), para pasar diciembre o el tiempo que yo quisiera. Ellos se iban a Italia. Pues bueno, allá fui en diciembre y allí te lo conté (pero como en estos días me han devuelto una carta que entonces mandé a Canadá... desde luego, sin acordarme yo de poner en el sobre la calle y el número de la casa en que vive otra hija mía en Montreal), pues no sé si te llegaría mi carta en la gran confusión del correo de esas fechas, por eso lo repito todo para tomar contacto. Era una casa preciosa. Hizo un tiempo como de verano. Pasé las Navidades y Año Nuevo no sólo con Manuel y su perro, si no también con mi otro hijo Agustín y con unos amigos polacos muy queridos que vinieron con otro perro. También me había dejado Asunción —la dueña de la casa— una perra loba —llena de problemas y muy triste... que cambió inmediatamente, (en alegre casi) entre el cariño de Manuel por toda clase de bichos y el mío, y la circunstancia feliz de que todos los demás perros (hasta un pequeño agregado vagabundo, que también tuvimos) eran machos. Todo bien. Cuando se marcharon todos, me quedé sola con la loba hasta que vinieran sus amos —vinieron a fines de enero unos días, que no pasé con ellos porque... mientras tanto, mi ex-marido invitó a la hija que vive en Canadá a venir por un mes a Madrid (para romper aquel invierno tan largo y para que le trajese a conocer a un niño que tuvo el último verano). También para enredar un poco, pues habló con Cristina —la que vive en la Colonia Ros Mary— para que Marta pasase aquel mes allí con ella en el chalet ya que en Madrid hay mucha polución. Cristina, que es muy hospitalaria, encantada. El matrimonio de Canadá pensó en la invitación, el marido de Marta es médico, muy buena persona y adora a sus hijos y mujer, y le da la pena separarse de ella, pero también adoraba a su padre y acababa de perderlo, y le pareció que, aunque él se sacrificase a estar solo, debía Marta aceptar la invitación de su padre. La pobre chica nada más llegar a la polución madrileña pilló una gripe terrible. Cris se quedó con los cuatro niños —dos suyos y dos de la hermana agripada y viajera— en el campo, y Marta en casa de su padre, quince días. Luego se empezaron a poner malos los niños (luego y en medio, porque no resisten los microbios españoles) y como la pobre chiquilla me escribió que de todas maneras si yo no iba a Madrid ella no se volvía a Canadá sin verme, pues decidí mi salida hacia la espantosa capital. Ya no volví a la playa como me apetecía, porque me di cuenta de que lo de descansar es ya un entontecimiento que tengo, y que debo trabajar en cualquier circunstancia y donde caiga. Aquí me dejaron un departamento vacío y esperé a ver cómo andaba mi economía... Mi economía anda muy mal, porque no he trabajado nada, pero es posible que se arregle. Y así, de indecisión en indecisión de lo que voy a hacer, se me pasa el tiempo sin escribir ni cartas ni artículos que me pide Destino y que tengo, pero una vez tenidos, los encuentro imposibles. No imposibles si yo estuviera fuera de este ambiente, pero sí imposibles estando aquí —porque son artículos de todo menos de lo que bulle y pasa alrededor de todos en estos momentos, y ni yo sé decirlo, ni quiero, por eso, porque no es lo mío dar impresiones que ni sé si tocan cosas ciertas o no. Ni tampoco me decido a enviar mis aventuras personales al periódico. En este estado tan estúpido me encuentro, y en este estado tan estúpido te pido que Luz o tú me digáis algo que necesito saber desde hace mucho pero por todo eso que te he contado y mucho más, no he preguntado. Sé que me dijisteis que estaba arreglado que yo fuese a dar un curso a partir del próximo septiembre a Los Ángeles. Pero también me dijisteis que recibiría una carta del colegio o del departamento que sea, invitándome a hacerlo y esa carta no me ha llegado. No sé si no ha llegado porque se ha perdido o no ha llegado porque no es posible lo de mi curso (me dicen que es muy difícil ahora). Vosotros sabéis que, aparte de que si eso es un hecho lo acepto como cosa buena y con ilusión, si no se puede tampoco significa para mí ningún derrumbamiento, porque no soy profesora y tengo que prepararme, etc., etc., pero por favor querido Ramón, dile a Luz que me diga, o al departamento ese o colegio que me digan, etc., etc. Es culpa mía no haber preguntado antes; pero ahora sí que necesito saber si voy. Tengo que ir en abril a Italia (si puedo y creo que podré), y si pudiera ser antes de ir allí, tener contestación a esta pregunta, sería estupendo. En caso afirmativo, quizá me quedase en Italia hasta el verano, poco antes de irme para Los Ángeles, porque creo que allí, en Roma, hay una persona que me puede ayudar mucho a preparar mis temas del curso. Es un gran amigo. Tiene una biblioteca magnífica de literatura española y ha estudiado (y también en tiempos ha dado clases) en USA. En caso negativo no prepararía curso, claro está. Pero tendría que saberlo.

Os doy la dirección de mi hija Cristina como siempre, porque aunque estoy en otro sitio casi siempre, cualquier carta me llega enseguida y cualquier recado me lo da. Pienso ir a Gijón unos días con unos amigos que viven allí, pero Cristina, si viene carta, me lo dirá por teléfono. De todas maneras, mientras esta carta llega a San Diego y tenga yo contestación de ella ya estaré yo de vuelta...

Querido Ramón. ¡Sigues publicando libros! ¡Te admiro muchísimo! Yo tengo que salir de este vaso de agua psíquico en que me ahogo. Saldré si Dios quiere.

Un abrazo muy fuerte, con mi cariño y mis recuerdos a Luz, con todo mi afecto, con mi admiración también,

Carmen

70. — A RAMÓN J. SENDER

Roma, 12 de junio de 1975

Queridísimo amigo Sender: Ya estaba yo pensando que no llegaban cartas de ninguna manera, o que Luz no se había repuesto de su operación (y si no he escrito antes de nuevo, es por lo que a continuación te contaré), cuando llamó de Madrid mi hija Cristina para decirme que salía por valija una carta de Los Ángeles y volvió a llamar diciendo que se había recibido otra, que le pedí que abriera ella antes de mandármela, y es la de los impresos que hay que llenar, etc. También me llegará dentro de unos días... He pedido que se haga esa escala Madrid-Roma en la correspondencia de documentos oficiales, porque aquí como sabes se pierden muchas cartas, y por un tiempo tengo la facilidad y posibilidad de que desde Madrid me las envíen por valija, gracias a unos parientes de Cristina que son diplomáticos.[75] En cuanto reciba todo eso, contestaré directamente y escribiré a Luz, y te volveré a escribir.

Por el momento tengo que decirte que en cuanto salgo de España recupero mi facultad de pensar y trabajar, que Roma me gusta mucho, que tengo buenos amigos, que recuerdo con más admiración y cariño que nunca a todos los

75. Estos parientes diplomáticos de Cristina que menciona Laforet siguen siendo los señores Aza, a quienes ya había incluido en la carta n. 60, el 18 de septiembre de 1972.

buenos amigos de otros lugares, que soy más yo misma gracias a eso. Si la operación USA se hace, creo que llegaré menos atontada que si fuera desde mis encierros madrileños y de otros puntos peninsulares ibéricos. Tengo muchas ganas de verte, de encontrarte con tu humor y tu inteligencia chispeante y bueno de salud. ¡Qué alegría!

Aquí llegué directamente a casa de mi hija Silvia —tres eran tres las hijas de Elena... o de Carmen, y ésta es la más joven de las hijas (después van los dos varones) que, como te conté, se vino para Roma con el joven Benito Rabal, hijo del actor y decidieron matrimoniar y tener un hijo. Llegué a tiempo de esperar al nieto un día y otro día y otro día, porque se equivocaron en las cuentas y debía nacer en abril y nació el 30 de mayo con cesárea y —muy apropiada en Roma— y todas esas cosas que animan con sus complicaciones la vida doméstica.[76] Vivíamos en un departamentito encantador del Trastevere, al fondo de un viejo convento y con un jardincillo con su higuera y su parra lindando con los muros del gran bosque del Botánico; pero como el departamento sólo tiene dos habitaciones, aparte del jardín, cocina y baño, y estaba, desde la mañana a la noche, lleno de jóvenes barbudos y melenudos, y muchachas desgreñadas y zancudas, vestidas con trajes de moras o de sacos o de lo que sea, y entraban y salían y ponían el tocadiscos con sonidos de «esos» ya sabes; sólo a la seis de la mañana aquello era el paraíso. Como llueve bastante aquí y en ese caso no se utiliza el jardín más de una vez, tuve la tentación de sentarme sobre la masa humana que invadía mi diván-cama y que como no se dignaban a verme yo fingía no ver tampoco (quitando honrosas y divertidas excepciones, que también las hay en ese mundo). Yo no me iba al hotel porque, a pesar de todo, mi hija necesitaba tranquilidad, y estando yo, la tenía; al menos por la noche. Una vez nacido el niño y repuesta mi hija, aunque voy

76. De los quince nietos de C. Laforet, la descripción del nacimiento de este niño corresponde al nieto en común con Paco Rabal, el joven actor Liberto Rabal.

De izquierda a derecha Carmen Laforet en compañía de Rafael Alberti, Benito Rabal, el cámara y Francisco Rabal, en el Arco di Settimiano en el Trastevere romano, en septiembre de 1975, donde se capta el ambiente que describe la autora en sus actividades con el poeta y su familia política. El actor dirigía la grabación de un documental sobre Alberti en Roma, justo por la casa del poeta, en el que incluyen a Laforet.

todos o casi todos los días por allí y de allí pongo el remite de mis cartas,[77] porque es más seguro hasta que tenga hotel fijo, yo estoy cerca para echar una mano si hace falta, pero muy contenta de que no se juzgue necesario mi servicio asistencial, porque he empezado así mi labor de escritora —que aun en aquel maremagnum me surgía, pero realmente, físicamente no tenía lugar ni hora para practicar, como no fuese, ya te digo, en el amanecer. No me ha servido poco el contacto con esos muchachos y muchachas y su lenguaje, etc., etc., para mi tercer libro de la trilogía. Así que estoy contenta de haberlo vivido a la fuerza, porque si no es a la fuerza del destino, no lo vivo.

Ahora —poco a poco, y por medio de mi amigo Enrique de Rivas (porque yo, si no tengo a una persona que me hace como de «medium» entre las gentes nuevas, soy de lo más insociable)— estoy conociendo a algunas personas romanas intelectuales y a exiliados intelectuales también y muy interesantes, aparte de mis queridos y admirados Rafael Alberti y María Teresa, a quienes apenas he visto, porque, aunque me quieren mucho —de veras—, creo que andaban desesperados con ciertas locuras que les ha hecho mi consuegro Rabal —que también les quiere y adora, pero que cuando bebe es terrible, y va y entra en una habitación y le pone la mano en el pecho a una señora desconocida que es una periodista de algún país lejano que ha venido a hace[r] una interviú, y además la está haciendo, y además de poner la mano le dice una barbaridad, etc., etc.. Así que he procurado respetar las distancias. Mi consuegro, por otra parte, es —y ésta es la gran pena si no se cura— un hombre de generosidad enorme y enorme corazón. Cuando trabaja se domina, y ahora lo tenemos en Buenos Aires trabajando, y dando fiestas en honor de su nieto Paquillo, que ha acogido con un júbilo tremendo.[78]

77. Esta vendría a ser la tercera residencia y señas de la autora, durante esta época, Vicolo della Penitenza 19, Roma.

78. Como material visual de este pasaje que describe Laforet, del tiempo compartido con Alberti y Rabal durante su estancia en Roma, véase la foto a continuación.

Ahora, para desengrasar, estoy unos días en casa de los parientes de mi hija Cristina, los Aza-Custodio. Ellos no quieren ni oír que me vaya al hotel antes de que se marchen ellos —se van a fin de mes o principios del otro— y aquí (dentro de una naturalidad muy grande, porque son una pareja joven, liberal y muy simpática) comemos servidos por criado con guantes blancos, etc. Esto no me importa tres pepinos, pero me descansa después del ajetreo, y aunque tampoco tanto mimo es lo mío, sino la independencia en un hotelito no barato —porque aquí no hay nada barato— sino modesto, me siento feliz con esta ducha escocesa de que se me considere como una especie de maravilla, desde los dueños de la casa a los niños, y quizá los criados y el perro (que me reconoció con aullidos de júbilo y que me despierta por las mañanas tempranito para que le saque a pasear —es un perro policía de manera que voy bien segura—), me llevan en palmitas. El perro es el que me abre la puerta de la calle desde el momento en que no sé cómo me oye por la escalera (abre mucho más diligente que los criados a todos los de la casa y a nadie más, exceptuando a un amigo mío que vino por primera vez, puntual, cuando no sé por qué extraña circunstancia no estábamos aún en casa ni los Aza ni yo, y se quedó extrañadísimo con aquel portero de aspecto feroz que le estuvo saludando hasta que apareció lentamente una perezosísima criada argelina...).[79]

Bueno, te cuento muchas tontadas como de costumbre. Tengo mucha alegría de pensar que seguramente te veré pronto, y a Luz y a todos. Saber de ti ha sido un deseo muy grande todo este tiempo.

¡Con mi cariño y gratitud, siempre un gran abrazo!

CARMEN

79. Estas dos últimas cartas de Laforet, aparte de orientarnos como guía logística y biográfica de la autora, nos quedan como testimonio del amor y el interés, que perduran hasta el presente, por los animales (en especial por los perros y los gatos) que curiosamente también compartía entre sus gustos en común con su destinatario, como vimos en la c. n. 8.

71. — A Ramón J. Sender

Roma — [Junio de 1975]

Sr. D. Ramón J. Sender
San Diego, California

Queridísimo amigo: El otro día te escribí contentísima con la noticia (por teléfono) que me dio mi hija de que habían llegado cartas de USA. Aunque también estoy contentísima aquí y trabajo ya mucho, me parecía bueno lanzarme a la disciplina de la aventura (que no me atrae) de unos meses universitarios, como disciplina, y sobre todo por verte y ver a Luz, etc., como alegría. Al llegar ayer la carta de Luz dándome las nuevas condiciones de 1.245 dólares en total por los tres meses de curso en [California] State University como base segura,[80] más conferencias posibles, que podrían dar el resultado de 1.500 a dos mil dólares (Total), a pesar de mi poca perspicacia para los números y mi desconocimiento de la baratura o carestía de la vida ahí, empecé a sospechar que vosotros, en vuestro afán de ayudarme, contabais con hacerlo a vuestras expensas sin que me enterase siquiera... Y entonces hice hacer números a mis amigos de aquí y consulté a algunos que han sido profesores en USA (pues una vez aceptada la aventura desde el año pasado me parecía mal volver-

80. Adjunto véase copia de la carta de la Universidad del Estado de California dirigida a C. Laforet.

CALIFORNIA STATE UNIVERSITY • LOS ANGELES

5151 STATE UNIVERSITY DRIVE LOS ANGELES, CALIFORNIA 90032

3 de junio de 1975

Señorita Carmen Laforet
Calle Oeste 9
Colonia Rose Mary
Majadahonda
Madrid, Spain

Estimada Señorita Laforet:

Por medio de la Sra. Luz Watts, nos hemos enterado de su interés en enseñar un curso en esta Universidad durante el trimestre de otoño, 1975.

Con su permiso, estamos preparados para recomendarla como "Visiting Professor" a nuestro Decano.

En ésta le enviamos unos formularios que se tienen que llenar antes que el Decano le haga una oferta oficial. Al recibir los papeles el Decano le comunicará todos los detalles de la posición, pero puedo decirle que el curso que va a enseñar será un proseminario sobre "La mujer en la novela contemporánea española."

Esperando oír de Ud. en el futuro cercano, quedo

Sinceramente,

B. D. Carter, Jr., Ph.D.
Associate Chairman
Department of Foreign Languages & Literatures

Enclosures: SC-1 Forms

cc: A. J. Beddawi
D. O. Dewey

me atrás si me ofrecía posibilidades de pagarme el viaje —aunque este viaje me fuese adelantado antes por mis editores— y vivir ahí independiente), pues las conferencias debían ser un añadido para poder moverme al menos. Pero todos me han dicho que no lo sueñe. En este caso, como no se trata de ningún asunto de vida o muerte en que se tiene que ir a lo que sea, yo creo que comprenderás que no acepte. Lo siento mucho, porque me privo de la alegría de veros, pero por ninguna otra cosa, porque aquí, por el momento, tengo un ambiente estupendo para trabajar, puedo desenvolverme bien y también el ambiente amistoso es bueno... Y tú sabes, porque te lo he dicho muchas veces, que a mí la idea de dar clases me horroriza. Así que renuncio total y definitivamente a la aventura universitaria. Espero poder hacer ese viaje a veros como deseé siempre, de otra manera: por mi cuenta y sin dar clases, más adelante. Pudiendo trabajar en lo mío (como fuera de los límites de la Península Ibérica puedo hacerlo), ese viaje es muy posible que lo haga, aunque no sé cuándo. Sólo siento, y muy de veras, que Luz se haya esforzado tanto en sus gestiones, por eso le he puesto hoy un telegrama pidiendo que las interrumpa. Luz es admirable y tengo con ella una grandísima deuda de gratitud como contigo, querido amigo.

Aquí soy muy feliz —tengo un carácter que tiende a la felicidad—, y Roma es una ciudad tan bella, de veras, tan llena de vida, que sólo dar un paseo por sus calles —teniendo eso sí, mucho cuidado de agarrar el bolso y de no llevar dentro de ese bolso, por si acaso, más que muy pocas liras— le llena a uno de cosas el alma. Pero, para tu tranquilidad, te digo que tampoco teniendo que vivir en Madrid hubiera aceptado un curso que no me permitiera, como mínimo, ser independiente económicamente durante mi estancia ahí (sólo en caso de vida o muerte, de revolución o así, que por fortuna no ha llegado); en mi carácter esa posibilidad no va. Bueno, la pena que me da no ir a veros queda compensada por la alegría de vuestra amistad que tantas y tantas veces me has probado tú y me ha probado Luz. Os quiero a los dos, y a ti, querido Ramón, te admiro, como sabes, por mil y mil detalles de esa amistad generosa, aparte de tu genio de escritor. Te envió mi grandísimo afecto y quiero que le repitas a Luz que a ella también (aunque le escribo hoy aparte del telegrama). Un gran abrazo a los dos. ¡No hablemos más de universidades!

¡Os quiero, y os veré cuando vaya de vagabunda, por mi cuenta, a California!

Hasta muy pronto. ¡Dadme noticias vuestras por favor!

CARMEN

72. — A Carmen Laforet

20 [de] junio [de] 1975

Querida Carmen,

Acaba de llegar tu segunda carta y estoy no sólo indignado, sino angustiado y deprimido. Yo creía que la gestión de Luz en su «college» era como la vez anterior (año pasado) y digna de ti. Resulta que es en otro «college» donde Luz tiene rivales (hay mucha politiquería universitaria por ahí) y supongo que lo han hecho para molestarle a ella (no a ti). Y no son «yankees» los que lo han hecho, sino una argentina idiotizada por la menopausia y llena de mezquindades. Lo supongo, porque Luz me había dicho hace tiempo algo de eso, y yo le dije que lo desechara y no lo tomara en cuenta. Así y todo es un insulto a la gran escritora que eres y a la gran amiga mía que quiero que seas. Un día te dije que esperes de mí lo que podrías esperar de un padre que vive lejos de ti. Si quisieras venir, yo te enviaría los pasajes, en avión o en barco, y desde luego una vez aquí yo personalmente estoy seguro (porque lo haría yo mismo) de que cada semana tendrías una conferencia en un lugar u otro y te pagarían 200 dólares cada vez. Tú sabes, las universidades tienen fondos para esas cosas. Es más difícil conseguir un contrato como tú lo mereces, es decir con 16-18 ó 20 mil dólares por un año, no por otra causa sino porque hay que gestionarlo un año antes (preparan los presupuestos antes de junio para el año siguiente).

La verdad es que no sé qué decirte cuando veo que te gusta tanto Roma. Esto es aburridísimo. Hace años que digo a mis amigos de Inglaterra (americanos que han escapado de USA o ingleses) que estoy en el limbo, y ellos se ríen, pero lo comprenden muy bien. Desde que salí de Francia en 1939, he estado en el limbo, y estoy tan aburrido de la soledad y de las cosas a contrapelo y de las inepcias que me rodean, y de la falta de sabor de los amores que se usan (muy fáciles, pero bastante insípidos), que estoy tentado de dejar el país y marchar a España, aunque sea cambiar el limbo por el infierno, al menos en el infierno se llora o se ríe, se arriesga algo y se puede vivir o morir como Dios manda. No deja de ser curioso que tú escapas de España (a pesar de ser, al parecer, religiosa practicante) y yo quiero ir, a pesar de que si pueden las beatas me quemarán vivo.

Pero cuando fui vi que la gente del pueblo me quería (derechas, izquierdas, centro,) si eran de veras «pueblo». Si no temiera aburrirte, te contaría cosas de veras conmovedoras.

Quiero decirte con todo esto que si no vienes no pierdes gran cosa. El que pierde soy yo, porque si te decidieras a venir yo cambiaría de planes y me quedaría aquí teniéndote a ti cerca (como una hermanita joven o como una hija) el tiempo que tú quisieras.

No he visto a Luz desde hace más de quince días y hoy sábado es probable que llegue de Los Ángeles, y me enteraré minuciosamente de lo que pasa en Claremont College, donde parece que están disgustados con ella, y no le dan contrato para el año que viene si no publica un libro o algunos ensayos que valgan la pena. Ella no es muy hábil en ese terreno y necesita mucha ayuda que a veces le he dado yo. Pero aunque es buena muchacha, e incapaz de mezquindades o falsedades, no es muy hábil para abrirse camino entre la gente, ni para hacer gestiones como la que quería hacer para ti.

Cuando haya hablado con ella volveré a escribirte. Hoy la he llamado dos veces a su casa y no estaba. Tal vez estaba en Claremont con exámenes. Si no viene aquí a última hora de la tarde (según suele los sábados), la llamaré en la noche y me explicará.

Pero ya te digo que estoy de veras indignado. Si quisieras ir a Barnard College a Nueva York —y está aún de jefe del Departamento un amigo mío distinguido que se llama González López, de quien no tengo noticias hace tiempo y tal vez se haya retirado ya—, haría la gestión enseguida. Pero con tu carta estoy desconcertado, la verdad; me siento indirectamente culpable, aunque toda la gestión nació y se desarrolló en manos de Luz, y, según me dijo, el primer año salió bien (cuando tú preferiste esperar un año más). En resumen, todo esto está tan por debajo de tus merecimientos como escritora y como persona, que da vergüenza hablar como estoy hablándote.

Lo que me dices de Rabal no me extraña. En Barcelona apareció en el comedor reservado de un hotel donde estábamos Luz y yo con veinte o treinta amigos, y sin conocer a nadie entró diciendo porquerías (la mitad de la gente eran señoras) y tuve yo que llamarle la atención severamente.[81] Entonces él comenzó a hacer elogios disparatados de mí, y a decir que Buñuel me admiraba y que él quería hacer no sé qué papel en no sé qué libro mío, y yo recuerdo que le dije que Buñuel y él eran dos borrachos indecentes, aunque con talento, y que era una lástima que cayeran en esas miserias siendo grandes artistas (esto le impresionó favorablemente), y, en fin, nos libramos de él. Yo le dije que lo recomendaría a un director francés de cine —Rabal me dijo que hablaba ese idioma— y todo acabó bien. Lástima que se abandonen hombres de talento a esa desesperada solución suicida, digo al alcohol. Yo también bebo, pero con límites, y nadie me ha visto nunca borracho. No sabía que tu niña estuviera casada con su hijo, y supongo que el hijo, aunque sea

81. Esta anécdota también se puede apreciar desde el punto de vista de Luz Campana de Watts: «... se retiró con la felicitación de Sender ya que le dijo que su presencia y su mutis habían sido, una vez más, dignos de un actor de primerísima categoría». *Veintiún días con Sender en España,* Destino, Barcelona, 1976, p. 23.

por la ley natural de oposición y contradicción contra los padres, es abstemio, o al menos sabe beber. De paso, te felicito por ser abuela. No sé si te dije que a mí me molestaba bastante ser abuelo, pero que desde hace poco soy bisabuelo, y eso me gusta mucho. Misterios biológicos psicoesquizoides o metápsico estupefacientes del género bobo.

Mis hijos se han dedicado a la mística. Andrea acaba de ingresar como novicia en el convento de Santa Helena (cerca de Nueva York) abandonando su fácil y brillante vida. El convento es episcopal y no son nada beatas. La mayor parte del tiempo va vestida con «blue jeans». Pero se ha leído a todos los místicos de todos los países y religiones (incluidos los castellanos, claro) y se ha vuelto loquita. Una loca feliz. Dice que no ha vivido más contenta nunca.

Ramón vuelve ahora de Madrás (India) después de pasar un año aprendiendo sánscrito y leyendo todos aquellos mamotretos. Dice que es un gurú. Como ves, también místico. Pero cambia de mujer cada dos o tres meses, y todas son bonitas, y viene a presentármelas como «la definitiva y verdadera esposa». Ahora está de jefe, o cosa así, de una comuna en San Francisco con esa pelambrera de aúpa que tú dices que lleva uno de tus chicos. El mío además tiene barbas apostólicas en las que pueden hacer su nido no los ruiseñores, sino las lechuzas adultas.

Voy a darle un recorrido a Luz que se va a acordar el resto de su vida. El caso es que ella te quiere de veras, pero tal vez por vergüenza me había ocultado el fracaso de sus gestiones.

Te envío un abrazo, Carmen querida, y una vez más mi invitación personal para venir aquí en la forma que tú quieras. Será para mí una gran alegría —profunda y substanciosa y completa— saber que estás cerca, y que podemos charlar cada día.

Abrazos,

RAMÓN

73. — A Ramón J. Sender

Hotel Portoghesi
Via dei Portoghesi, 1
Roma

Roma, 4 de julio [de] 1975

Queridísimo amigo. Tu carta me conmovió como siempre. Pero no... ¿qué dices? ¡Yo estoy agradecidísima a ti y agradecidísima a Luz que ha hecho más de lo que ha podido! Dale un abrazo muy fuerte de mi parte.

¡No te preocupes de nada! Yo estoy aquí muy bien. Me siento muy feliz en esta tierra revuelta y alegre. Nuestra tierra no es alegre ahora en ningún sentido y creo que cometerías un gran error yéndote allí. Si quieres algo de jaleo, vente a la bota italiana donde todo está mezclado, y dicen que mal, pero la gente canturrea por las calles... aquí, en Roma, hay una colonia española de lo más heterogénea, aquí la gente pinta o escribe, vocifera si quiere; y si quiere planta en la calle una mesa y una silla para escribir y nadie le dice nada. Hay muchos ladrones (pero en todas partes; también en España los hay del mismo tipo); aquí los «ladros» tienen una habilidad tremenda. (Los jóvenes van en «moto».) El otro día —aunque estaba muy advertida— me robaron el bolso. Debieron adivinar que —contra mi costumbre— llevaba algo de dinero. Iba yo descuidada, porque iba entre dos amigos por una calle centriquísima y llena de gente. Al cruzar una callecita vi que se inclinaba el amigo que iba a mi derecha (le rozó la moto por detrás) y cuando me di cuenta del tirón que me habían dado en el brazo, ya la moto estaba bien lejos —a toda velocidad, con sus dos ocupantes...— una cosa como de circo. Y sin remedio, porque los chicos esos, en un circo ganarían menos sueldos que con los bolsos. Bueno, mi bolso era muy feo, y además ya he decidido hacerme faltriqueras, como las de las monjas, para llevar las liras. No más bolsos, y arreglado...

Me emociona lo que me cuentas de tu hija y también que dé la casualidad que se llame Andrea. ¡Dale un abrazo mío cuando la veas! También me hizo gracia lo de tu chico. Y que seas bisabuelo que es formidable... Yo soy una «nonna» muy feliz y orgullosa con mi prole. Tengo el mismo número de nietos que de hijos (por el momento). Mi hija mayor Marta, que vive en Canadá tiene una niña y un niño, la segunda (Cristina) dos niñas, en Madrid, y Silvia, la tercera, un niño romano-gitano. Los biznietos —si tengo la suerte de tenerlos— aún están lejos, ya que mi nieta mayor no ha cumplido aún los cuatro años.

Querido Ramón te escribiré más despacio. Te contaré todas mis aventuras italianas de «nonna» vagabunda. Estoy trabajando mucho en el pequeño hotel del barrio antiguo donde vivo. Mi habitación es muy agradable, muy limpia, clara y silenciosa: al despertarme veo el cielo y el campanario de una vieja iglesia.

Carmen

Te abrazo fuertemente con todo mi afecto, gratitud y amistad.

74. — A Carmen Laforet

535 Quince Street
San Diego, California 92103

9 [de] dic[iembre de] 1975

Muy querida Carmen,

Tengo en mi libro de direcciones más de diez tuyas siempre diferentes. Ahora que me dices que vas a estar un año ahí me apresuro a escribirte por si acaso.

Mira, el jefe de la Universidad de California aquí —una buena universidad— fue alumno mío y me dijo que te había escrito ofreciéndote «un año» con más de 20.000 dólares de sueldo. Yo suponía que aceptarías. Un año pasa pronto y no habrías gastado aquí en vivir más de cuatro mil dólares, de modo que te quedaban 16.000 para gastártelos con tus hijos en tu dulce Italia. Ese profesor no es ningún genio, y al preguntarle yo qué te había dicho en su carta, me dijo riendo «que a mí tu obra literaria me gusta demasiado». Yo le dije: «¿No comprendes, cretino, que es una manera estúpida de hablar? ¿Cómo puede a uno gustarle "demasiado" una obra de arte?».

Tú sabes, yo los maltrataba a mis estudiantes y por eso quizá les gustaban mis clases.

Siento que no vengas.

Pero tu carta me ha dado verdadera alegría, porque ahora sí que veo que eres feliz. ¡Y cómo te envidio! Mis hijos andan lejos de mí. ¡Ni siquiera hablan español! Menos mal que son felices cada uno a su manera. La niña se ha hecho novicia de una orden de la iglesia Episcopal (igual que la Católica, pero no en latín, sino en inglés y sin Papa) después de haberse leído a todos los místicos del mundo y muy especialmente a los españoles. Sabe mucho de esas cosas y ha dejado su apartamento de lujo en Nueva York (en propiedad) y sus amoríos y sus larvadas aficiones literarias (tiene verdadero talento y es lástima que no escriba más) para entregarse en cuerpo y alma a Dios. Lo bueno es que por vez primera la veo del todo feliz (me llama por teléfono desde Nueva York o desde Georgia donde está ahora en una misión) y me escribe largas cartas rebosantes de gozo. Yo me alegro de veras, por ella. Yo no he sido nunca feliz fuera de... algunos momentos de amistad o de amor (pero siempre con un reverso funesto, porque hay que pagar) y ella se ve 'absolutamente' gozosa y satisfecha de sí y de los demás, de la tierra y del cielo.

Mi hijo es un místico también a la manera oriental. Fue a la India y aprendió el sánscrito (bien acompañado de dos chicas hippies). Ahora está otra vez en San Francisco y trata de escribir (él no tiene talento, lástima). En cambio tiene talento musical, ha compuesto dos cosas hace años que tuvieron premios nacionales y lo ha dejado todo. Está entregado furiosamente a las mujeres y trata de identificar su felicidad erótica con las doctrinas del karma y el dharma, etc.

Y aquí está el padre, solo como la una, sin otra relación gustosa que Luz, que viene todos los fines de semana y pasa dos días conmigo.

Algún español viene también de tarde en tarde. Y me llaman por teléfono de Madrid, pintores, periodistas (para entrevistas), estaciones de radio, etc. Y por la noche trato de dormir y duermo más o menos soñando cosas imposibles (volver a España y quedarme allí permanentemente).

Yo quisiera (bien lo sabe Dios) pero, ¿cómo? Allí todo lo convierten en política y yo no quiero saber nada de regímenes ni de partidos. Sólo querría respirar aquel aire, ver el mar Mediterráneo cada día, beber buen vino de Cariñena en las comidas y discutir con la gente en español. (Estar de acuerdo con ellos o mandarlos al diablo, pero en español.) Y veo que cada día es más difícil.

Me invitaron a ir a inaugurar una exposición mía de pintura en Madrid (me enviaron incluso el billete del avión) y no fui.[82] Ahora sale un libro que considerarán terriblemente pecaminoso titulado *Ensayo sobre el infringimiento cristiano.* Por él me habrían quemado años atrás en la Plaza Mayor con leña verde. Ahora la Editora Nacional (!!!) que publica la primera edición española (antes había salido en México) me invita a ir a «presentarlo», y yo iría. Pero odio los viajes, como tú. Al menos en avión, enlatado como las sardinas en uno de esos aviones monstruosos, con otros trescientos trashumantes. Y además, se me va a echar encima toda la beatería.

Supongo que tú no conoces ese libro (la edición mexicana).[83] La de Madrid, corregida «y aumentada» está mejor, y te mandaré un ejemplar por correo aéreo cuando salga. Tú me dirás si merezco el infierno o no.

El único placer de mi vida ha consistido en hacer todas las cosas «a mi manera» (todas las cosas en las cuales uno no es esclavo miserable de la naturaleza animal). Así, yo soy cristiano a mi manera, y creo que a todos les pasa lo mismo, pero no saben o no quieren explicarlo. O no se atreven.

La libertad que Dios me dio es mi religión y mi lujo. Y creo en Dios y en Jesús según las leyes de esa libertad que nos han dado al nacer.

A falta de otra cosa, tomo el sol y trabajo. Tengo dos novelas inéditas en la imprenta (en España): *Arlenne y la gaya ciencia* y *El pez de oro* (300 páginas la primera y 500 la segunda). Otra terminada que está copiando Luz titulada *El alari-*

82. Exposición que se llevó a cabo en noviembre de 1975, en la galería Multitud de Madrid. Véase J. Vived, ob. cit., págs. 602-603.

83. Quizá Sender en ese momento no recordaba que ya le había hablado a su colega y amiga sobre esta edición mexicana y hasta le había ofrecido enviarle un ejemplar en enero de 1967 según leímos en la carta n. 24.

do de Yaurí (120 páginas) y estoy escribiendo otra que tendrá entre 400 y 500, y que supongo que será la última, porque ya estoy harto de escribir novelas, y a mi edad no estoy para bromas, ya.

Si después escribo algo, será sólo ensayos. Y por obligación con las revistas.

Cuando estuve en España no sabía (hasta poco antes de regresar aquí) que la Fundación Mediterránea era Opus Dei. Claro es que no tengo prejuicios en ninguna dirección (derechas o izquierdas), pero además, si he de ser del todo franco, las personas de esa organización que traté son las más dignas de estimación y respeto que he conocido en mi vida. Liberales, tolerantes, generosos, sabios, discretos. Yo discutí con ellos sobre religión y me escucharon con interés, aunque yo debía parecerles obviamente un endemoniado. No me cabe la menor duda de que al margen de partidos y tendencias, y de rótulos y banderas, son la mejor gente de España.

Si fuera a nuestra patria, me gustaría estar cerca de ellos, pero ahora dudo mucho que me toleren (después de mi *Ensayo sobre el infringimiento*). Si es así —si no me toleran—, no iré ya nunca a España, porque comunistas, socialistas, republicanos, monárquicos de una corona o de otra, falangistas y guerrilleros de Cristo (!!!) me parecen varias jaurías de perros ladrándose unos a otros, y no dejando hablar a nadie, ni permitiéndole a uno oír nada claramente. (Ellos mismos no saben lo que dicen, y si hablan claro, no saben lo que quieren.)

Espero que el ejemplo de Portugal los tenga a todos alerta y a raya. De otra forma, tendríamos el segundo acto de la Guerra Civil (una danza macabra mucho más sangrienta y desacordada que la de 1936).

¿Por qué no escribes y no publicas más? Claro es que yo comprendo que rodeada de niños (hijos y hasta nietos) que te quieren no necesitas escribir. Sólo escribimos los que tenemos que luchar contra alguna clase de «vacío invasor». Es decir, los desgraciados. Yo no quiero compasión de nadie, pero soy uno de ellos, y escribiendo cancelo y compenso las sombras interiores; tú comprendes. Es lo que tú hiciste en *Nada* y en *La Isla*. Ahora, si tienes la sensación de plenitud que da una vida lograda y feliz, ¿para qué escribir? ¿Para enriquecer a algún editor idiota como Lara? ¿Para que le hagan a uno académico y lo lleven a ese panteón con las otras momias? ¿Para decir a la gente sencilla y sana mira qué listo soy? ¿O qué complicado? ¿O qué pícaro? ¿Para hacer lo que Narciso en la fuente?[84]

A todos nos va a llevar el diablo, un día no lejano.

Menos a ti, que te llevarán los ángeles, un día muy lejano todavía.

Gracias por haber aguantado todas estas palabras, y escríbeme otra vez hablándome de ti misma y de tu niña (mi amiga desconocida), y de todas las personas a quienes quieres.

Yo te envío un abrazo envolventísimo de tu lejano y viejo y platónico enamorado de siempre.

RAMÓN

Tu nueva dirección «suena» muy bonita: Arco de Tolomei.[85]

84. Esta pregunta retórica y filosófica nos recuerda un título, que tal vez, en un sentido similar, sirviera también de inspiración a Anna Caballé en su ensayo *Narcisos de Tinta*, Megazul, Madrid, 1995.

85. Cuarta y última dirección residencial de C. Laforet en Roma hasta finales de los años setenta, Via dell Arco de Tolomei n. 9. Esta nota fue mecanografiada por R. J. Sender al margen izquierdo de la primera página de esta carta.

75. — A Carmen Laforet

[Fragmento, diciembre de 1966 - enero de 1967]

... se queda más tiempo y comienza a analizar y a profundizar, se iba a llevar algunos chascos. Ya se ve que usted veía algo más que la superficie. En todo caso la verdad es que con todos sus defectos América parece que está más cerca de lo razonable (en economía, sociología y política) que los demás. Lo malo es que nunca es uno feliz, y anda uno suspirando por un poco de la pintoresca miseria española, y a veces sueño con ser mandadero de monjas (o sacristán o cosa así) en algún pueblo como Écija o Carmona. Con toda la mugre implícita, claro.

Iré en todo caso por ahí (tal vez en la primavera próxima). Creo que soy bastante listo para navegar —recuerdo de mis tiempos conspiratorios— debajo de la corriente y evitar el horrendo banquete (!!!) que suelen dar las fuerzas vivas de la provincia de uno, con discursos «improvisados» y nombramientos de hijo adoptivo de algún lugar. Recuerdo que al dibujante de *El Sol* lo hicieron eso en Fraga (1924) y escribía con su analfabeta ortografía diciéndonos que lo habían hecho higo adoptivo de Fraga.

Me da tristeza pensar que ya no habrá en las aldeas aragonesas ninguna de aquellas viejitas que, cuando iba en 1930, salían a mi encuentro dando voces, y me abrazaban llorando y diciendo «yo te di de tetar». Ya no hay mujeres vivas que me dieron el pecho, de chico. Pero vive aún en Garrapinillos una monja de 85 años que fue niñera mía (Madre Adela Valero), y que luego ha sido muy importante en la orden de la Caridad, y sigue siéndolo. Le mandé hace un par de años un regalo y me escribió la carta de amor angélico más hermosa del mundo, sin retórica ninguna, claro. Pero decía: «Hijo, a dónde te han llevado tus ideas y malos pasos, a ese país de salvajes donde nadie puede vivir, con indios y criminales». Decía que rezaba por mí cada día desde que leyó en un periódico de Huesca que yo era en Rusia general y tesorero de Ucrania y que me habían cambiado el nombre y me llamaban Senderoff (en 1942). Pobrecita, madre Adela. Seguramente hay un dios a su medida (con barbas blancas y triángulo detrás de la cabeza) que la recibirá un día vestida y calzada.

Comprendo lo que me dice de la religión. Yo soy muy religioso «a mi manera». Pero cada uno lo es a la suya, y me parece difícil que haya otra. En cuanto se nos quiere imponer una manera general ya es política, dinero, etc., etc.

Estos días su casa con tantos chicos y una mamá que sabe gozar tanto de ellos debe ser una maravilla. Pero comprendo también que es una dificultad para su trabajo literario. Solemos escribir para darnos alguna clase de felicidad que nos falta. ¿Qué felicidad le falta a usted?, se pregunta uno. Aunque siempre hay horizontes detrás del último horizonte, ¿verdad?

Se está acabando de imprimir el mamotreto III de *Crónica del Alba*, que le mandarán en cuanto salga. Es el último —lo digo disculpándome— y me da un poco de miedo, porque me acuerdo sólo a medias de lo que puse en él. Cuando salgan sus crónicas en libro, no deje de enviármelo también. La admiro profundamente. ¡Qué bueno que le gusten a usted mis novelas también! Todo el mundo debía tener talento y admirarse los unos a los otros. Pero eso sería el cielo. O quizá el infierno, quién sabe.

Y ahora —antes de despedirme— un cuento de navidad que quizá sabe usted ya: los pastores van a adorar al Niño y todo el mundo está muy contento menos San José que parece taciturno. Los pastores le preguntan, extrañados, y María les dice: «Es que esperaba... una niña».

Este cuento suele hacer más gracia a las monjitas y a los curas, aunque se avergüenzan un poco de su propia carcajada.

Abrazos de navidad a todos ustedes,

Ramón

76. — A Ramón J. Sender

[Fragmento, 1967]

... las algaradas juveniles —con tanta razón para empezar y continuar muchas veces y con tanta confusión otras— son de otro signo. Y aparte de ellas, aquí en política se dice que va a haber un gobierno de coroneles, al estilo griego, me supongo. Pero estas son habladurías casi locales.

En casa tengo a la niña americana de Kansas City, que sigue un curso para extranjeros en la Universidad y que fue la «hermana» de A.F.S. de mi hija mayor, Marta (no la que tú casi conoces, si no otra que estuvo en fechas anteriores en Norteamérica).[86] La pobre está aterrada porque algunos estudiantes se manifiestan contra su país y porque ha habido pequeñas bombas en la embajada. Bueno, aterrada no es la palabra. Apenada. Mi hija ha ideado algo para deshacerle la mala impresión: ha logrado que esta niña sea madrina del paso del «Ecuador» universitario de su especialidad. Como mi hija se está licenciando en francés y los franceses son los que han comenzado la campaña antinorteamericana en Europa, la cosa resulta simpática, muy «American Field Service», un recuerdo de lo que une a los hombres y no de lo que los separa. Perdóname otra vez por mi falta de precisión, y verdad que ha causado confusión en lo de la revista. Escribe

86. De acuerdo con Marta Cerezales, la hija mayor de Laforet, esta estudiante americana era de nombre Barbara Shaw y esta anécdota se remonta a 1967.

cuando puedas. Tus cartas son siempre un motivo de orgullo y alegría.

¿Por qué no me dices cómo se llaman tus nietos?

Un saludo, con todo mi afecto y mi admiración,

CARMEN

APÉNDICES

Apéndice 1

«CARMEN LAFORET EN INGLÉS»

Por Ramón J. Sender

[Carta n. 16]

Los libros y los días
8 de junio de 1966

Con el título *Andrea,* acaba de ver la luz la traducción inglesa de la primera novela de Carmen Laforet, *Nada.* Como recordarán los lectores que hayan leído la obra en español, Andrea es el nombre de la protagonista. Para mí es un nombre con resonancia amable porque era el nombre de mi madre y es el de mi hija: Andrea.

La traducción, de Charles F. Payne, es discreta y respetuosa, aunque podría ser mejor. Siempre las traducciones pueden ser mejores para los lectores que conocen los dos idiomas. El original es mejor, y en este caso, no es culpa del traductor, sino de las dificultades implícitas en la estructura del idioma inglés. Algunos matices de claroscuro del español se pierden o se falsean.

Carmen Laforet es una escritora de gran talento, y la primera que en la historia española nos da entera y sin disfraz el alma femenina «desde dentro». Naturalmente, sólo una mujer podría pretender una tarea tan delicada.

En general, y lo mismo dentro que fuera de España, las escritoras con faldas han tratado de mostrarse al público como «grandes hombres». George Sand, Mme De Stael, Virginia Wolf, Gertrude Stein consiguieron parecer grandes varones. Unas, como George Sand, se vestían de hombres y fumaban pipa; otras, como Gertrude Stein, se cortaban el pelo igual que nosotros. Simone de Beauvoir no hace esas extravagancias, pero escribe como varón, de un modo pugnaz y polémico.

Hay otro tipo de escritoras, como Colette y su discípula Françoise Sagan —una discípula que no honra mucho a la maestra—, francamente femeninas, pero del género discrepante y al margen de lo convenido. Las primeras querían ser grandes hombres y las dos últimas quieren ser *drôlesses* y llamar la atención por procedimientos de dosificada picardía. En esto cabe naturalmente tener genio, como le sucede a Colette, o carecer de talento, que es el caso de Mlle. Sagan.

Carmen Laforet, nuestra novelista española, no necesita nada de eso. Es, sencillamente, y nada más y nada menos, Carmen Laforet. Desde su primera novela, *Nada*, nos muestra su jardín secreto sin impudicia y sin falso recato. Nos muestra la sutil complejidad de un alma femenina que pasa por la vida con su sensibilidad alerta y una enorme curiosidad intelectual. Y nos cuenta lo que siente y lo que piensa. Y también (antes que nada) lo que ve. A través del famoso realismo español, se nos supone a los escritores hispánicos una cierta maestría natural en la manera de recrear la naturaleza física, es decir, de mostrar el mundo visual. Y no se hable de «realismo fotográfico», porque el de Carmen Laforet es un realismo de esencias.

Lo extraordinario de esta novelista en plena juventud, y lo que a todos nos asombra, es la fortaleza y la armonía de su temperamento. Pocas veces esas dos cualidades (temperamento y templanza armoniosa) se dan juntas en una sola persona. Lo más frecuente y lo más fácil es abandonarse a los extremos.

Comenzó Carmen Laforet con una obra maestra *Nada*. Después publicó *La Isla* y *los Demonios*, sobre el mapa sentimental de su adolescencia en las islas Canarias. Más tarde, *La Mujer Nueva*. Muchos críticos han hablado de «autobiografía». Ciertamente, un novelista extrae de sí mismo toda la sustancia viva de sus novelas, y así sucedió con Dostoievski, con Tolstoi, con Balzac, con Stendhal. ¿De dónde vamos a sacar nuestra experiencia vital sino de nuestra propia memoria intelectual, moral, sensitiva? El único problema importante del proceso de creación de un novelista está en el don selectivo natural. Nuestra memoria es un delicado registro que elimina lo secundario y conserva y clasifica lo esencial. Hay novelistas que toman notas. Otros dejan que su temperamento y su sentido natural de los valores guarden lo que debe ser guardado y olviden lo intranscendente. Ninguna novelista como Carmen Laforet da la impresión de haber confiado más en la rica espontaneidad de su don selectivo.

Hablábamos antes de las mujeres de letras que querían ser «grandes hombres». En España hemos tenido un ejemplo relativamente reciente: Emilia Pardo Bazán. Cuando escribían sobre la mujer daban la impresión de escribir como escribimos nosotros, es decir, desde fuera. Carmen Laforet, entre las muchas novedades maravillosas que nos ofrece, nos encanta con la mayor de todas: la vida interior de un alma genéricamente diferenciada que no pretende imitar al gran hombre ni a la *drôlesse*. El alma de una mujer en todas sus dimensiones dulces o ásperas, graves o ligeras, hondas o superficiales, transcendentes o inmanentes dentro del gran mosaico de la vida ordinaria. Sobre todo eso, una maravilla aún: la de la armonía. ¡Qué sutil instinto de la armonía en todo lo que escribe!

Y, además, el sentido lírico, más fuerte en *Nada* que en las novelas que la sucedieron (lo que parece natural, si recordamos que es una novela del tiempo adolescente); es curioso observar, sin embargo, que *La isla* es más rica en psicología y *La Mujer Nueva* en sentido moral y en insinuaciones metafísicas. Sin duda se trata de un proceso natural de madurez en decisiva plenitud. Hoy Carmen Laforet nos da sus narraciones recientes con una seguridad y maestría totalmente logradas. Uno se pregunta qué podrá escribir todavía en el futuro esta mujer en plena juventud.

Porque tuve el privilegio de conocerla personalmente hace poco y me llevé una gran sorpresa. Yo sabía que había fundado un hogar feliz y que tenía cinco hijos (tres niñas y dos varoncitos) y esperaba hallarme ante una matrona grave, espesa y densa de carácter, un poco fuera de los estadios tempranos. Y, sin embargo, cuando vino a mi Universidad y la presenté a mis estudiantes, se confundía con ellos como uno más. Misterio de la juventud que sólo el trabajo intelectual es capaz de hacer en los verdaderamente merecedores. Es cierto que Carmen Laforet no tiene por qué dejar de sentirse joven —dudo que haya llegado a los cuarenta—, pero lo más curioso era que los estudiantes repetían sonrientes (ellos y ellas) las mismas expresiones de ingenua sorpresa.

Yo también creo que el trabajo intelectual (sin envidias, rencores, impaciencias ni vehemencias instes) es el ejercicio más saludable del mundo. Cuando le preguntaban a Bernard Shaw qué había hecho para llegar tan juvenil a los noventa, solía responder: «Leer y escribir».

Una de las características de las novelas de Carmen Laforet es cierta sencillez fragante que suele parecer inextinguible en los grandes talentos. A los elogios de sus camaradas, que celebran con entusiasmo la belleza de alguna de sus novelas largas, suele responder con objeciones. Es decir, que sus amigos tenemos que defender sus libros contra ella misma. A veces la hemos oído decir de *La Mujer Nueva:* «Sí, pero falla en la perspectiva». ¿Qué perspectiva? Cada uno tiene de la perspectiva y del espacio o del tiempo el sentido que quiere tener, y Carmen Laforet no pretende inmovilizar en los remansos del tiempo ni del espacio ninguna clase de realidad. Su novela comienza en plena fluencia y en plena fluencia termina. Pero entre el principio y el fin ¡cuánta maravilla de observación, de análisis, de sugestión y de don insinuados frente a los grandes problemas del mundo!

Para mí esas tres novelas que he citado —por no citar otras cuyo comentario exigiría más espacio— representan el proceso de depuración de un alma ya inicialmente pura, pero necesitada, como la tuya y la mía, lector, de resistencia y de defensa contra las asechanzas de la realidad en un tiempo tan agitado y turbio como el que vivimos. La experiencia es grandiosa si estudiamos a cada una de las protagonistas de esas tres novelas y los reflejos de sus inmaculadas desnudeces en los mármoles de esa ciudad esencial en la que se agitan después de una guerra civil, que dejó a la sociedad escéptica y exhausta, gozadora y descreída, pragmática y cínica. Viéndolas en su conjunto, esas tres novelas son un «camino de perfección», mucho más rico e inspirado que el de Pío Baroja, y de una dulce armonía llena de dobles y triples fondos. Carmen Laforet, que es conocida ahora en Norteamérica, debe ser conocida en todo el mundo como lo es hace tiempo en su patria — (A.L.A.)

LOS ÁNGELES

Apéndice 2

Prólogo a *La aventura equinoccial de Lope de Aguirre*

Por Carmen Laforet

[Carta n. 22]

Este escritor, Ramón J. Sender, posiblemente el más grande, original, sincero y potente creador de nuestra literatura española actual, nació en el pueblo aragonés de Chalamera, «un bonito nido de águilas sobre el Segre y el Cinca»; aunque apenas cumplido un año de edad, sus padres se trasladaron no muy lejos de allí, al pueblo de Alcolea de Cinca, donde pasó su primera infancia. Raíz catalana en su apellido y hondas raíces aragonesas en su ascendencia y en su contacto primero con la tierra. Inquietud viajera. Originalidad creadora que le caracteriza, librándole siempre del tópico regional. Es un observador y un creador. Juan Luis Alborg hace notar, en su ensayo sobre este autor, que las crónicas de Sender, con las que obtuvo renombre absolutamente merecido en sus primeros años de periodista, tenían dentro de ellas la semilla de futuras novelas, que, efectivamente, realizó. De situaciones reales, su genio peculiar desarrolló luego el estudio psicológico, la aventura novelada.

Ha sido catalogado como escritor político. No lo es más que lo que podían haberlo sido Dante o Cervantes en sus circunstancias. Va hacia la esencia de unas verdades que siente como tales, y no al aprovechamiento de los hechos, para presentar una orientación política.

Escritor social. No se concibe un novelista que no acierte a dar el ambiente de la sociedad elegida para el desenvolvimiento de una narración. Sender, como ha hecho notar Alborg, no ve sin embargo a los hombres encasillados y presos en su capa social. Los ve en toda su dimensión humana. El ser humano le interesa profundamente como tal, y sólo las circunstancias pueden situar al hombre en distintos estratos de la sociedad y orientar sus posiciones. Pero lo importante es el hombre mismo, sea un conquistador del siglo XVI o un estudiante, un labrador, un millonario o un obrero de nuestros días.

Para la mujer, Sender tiene un punto de vista alcanzado desde una honda poesía y una virilidad profunda y sana. Pero no hay ceguera. Sus dotes de observación y la adivinación intuitiva de todo creador le libran de ella. En algunos de sus personajes nos da esa poesía íntima hacia lo femenino. Otros personajes no participan de la posición espiritual del autor y reaccionan de acuerdo con sus características, que pueden ser muy opuestas.

Tampoco los azares de la vida personal de Sender —intensa vida antes y después de su exilio— le ciegan ni le atan en ningún momento. Es demasiado grande para el rencor o el servilismo.

Sus crónicas periodísticas y sus primeros libros de ensayo y novela le dieron a conocer antes de nuestra guerra civil. El Premio Nacional de Literatura de 1935 fue para su novela *Mr. Witt en el Cantón.* Poco después, Sender dejó España y Europa. Hasta el momento de escribir estas líneas no tengo noticias de que haya regresado a España. En el continente americano ha permanecido cerca de treinta años, durante los cuales su trabajo ha sido continuo y se ha enriquecido con los viajes efectuados por distintos países del Sur y del Norte de América.

Alborg y Marra López, entre los comentaristas de la obra de Sender que conozco, coinciden con mi modesta opinión de que el exilio no le ha afectado en el sentido en que ha afectado a tantos escritores exiliados, en todas las épocas de la historia y de la literatura. No le ha secado. Su obra sigue teniendo una profundidad y una frescura asombrosas al describir las cosas españolas. Su lenguaje no se ha anquilosado. Es un maestro viviente no sólo en su realidad humana, sino en su creación. Cuando escribe sobre España lo hace sobre cosas vistas y épocas y gentes que hablan y reaccionan según el momento preciso en que Sender las describe. Con su amplia cultura y su don creador, puede poner de pie una sociedad y unas circunstancias del siglo XVI, como en *La aventura equinoccial de Lope de Aguirre*; pero no ha querido falsear —sin observación directa— nuestro momento cambiante y actual. Sus novelas de España son de la España que él vivió, sintió, padeció y gozó. Y así está viva en sus novelas.

La obra de Sender, que durante muchos años únicamente se publicó en español por editoriales americanas y ya está traducida a casi todos los idiomas, llega ahora a las mejores editoriales españolas. Su riqueza abruma. Aunque no sé el número exacto, puedo dar la cifra de más de veinte libros, entre los que, aparte de las grandes novelas, hay ensayos y obras de teatro. Es un autor de primera fila, de grandísima categoría. Si el adjetivo genial no estuviese desacreditado entre nosotros por el abuso, se lo aplicaría, y a escala de valores universal. No por capricho o por elucubraciones sobre lo que puede ser su obra en plena producción, sino por lo que su obra es ya y nos ha dado.

La obra

La aventura equinoccial de Lope de Aguirre es una de las pocas grandes novelas que se han escrito sobre un episodio de la gran epopeya de la conquista española en América. Aparte de nuestras crónicas, poco conocidas del público, nuestra literatura no nos ha familiarizado con aquellos hombres y sus hazañas, con aquellos tipos humanos, que deberían ser tan populares, al menos, como los «americanos del Oeste» en su lucha contra los indios.

Este libro sobre el rebelde Lope de Aguirre es una novela extraordinaria, escrita sobre la base veraz y sobria de unas crónicas que relatan la locura de un hombre, cuya cabeza fue «expuesta dentro de una jaula hasta que se convirtió en ceniza y luego calavera seca», tal como aún puede verse en la ciudad de Tocuyo.

En esta aventura equinoccial viven las tierras y el sol y la vida monstruosa de la flora y la fauna de los grandes ríos, de márgenes aún hoy día vírgenes. Viven también los hombres y las mujeres protagonistas de la aventura, y es protagonista también el valor sobrehumano colectivo, la necesidad de llegar al fin de todo, los mismos que subieron las cimas de los Andes en alpargatas y que exploraron lo inconquistable aun hoy día: las selvas del trópico americano.

En esta novela no se presenta ninguna tesis sobre los hechos acaecidos alrededor de Lope de Aguirre, en lo que comenzó como una expedición en busca de «El Dorado». Sus páginas fascinan con su seca verdad. El talento del novelista nos permite respirar el aire y sentir —sin ser empujados a ello— una poesía y un impulso de vida contra todas las dificultades y los horrores. Nos hace comprender hasta la necesidad de un personaje —la sirvienta Torralba— que cuando subía a una altura, fuera a una azotea o a lomos de una mula, notaba la irresistible tentación de cantar una jota soriana.

En *La aventura equinoccial de Lope de Aguirre* se conjugan los elementos de la más veraz narración histórica y relato de viajes con los de la novela psicológica más profunda y el más espantoso relato de crímenes.

Sabiduría y fuerza descriptiva, luces y sombras de contraste entre lo cómico, lo tiernamente humorístico y lo sombrío. Todo esto existe en el libro. Y también la ausencia de algo que no iría nunca con la naturaleza de aquellos tipos y aquel ambiente español. Algo que sobra hoy en casi todas las narraciones de sucesos y hasta en simples noticias periodísticas. En este libro en que se cuentan, sin soslayarlos, tantos asesinatos, tanta violencia, no hay morbosidad alguna. El crimen no despierta aquí, en un cerebro predispuesto, la curiosidad, la curiosidad malsana. Es sólo un hecho con toda su crudeza. Un hecho obsesivo porque está ordenado según las razones de un cerebro que se quema y se enferma progresivamente, pero que conserva su lógica fría y ciertos valores esenciales.

Además, nunca las cualidades y defectos de nuestra raza, que dieron la grandeza de su momento y también causaron la ruina de España, se han hecho sentir —sin aludir a ellos— de manera tan clara, objetiva y al mismo tiempo tan desde dentro, como en estas páginas.

Si me he atrevido a presentar en unas pocas líneas a un autor de la talla de Ramón J. Sender se debe a mi convencimiento de que esta familiarización con nuestros autores es necesaria al lector de novelas, que más tarde puede completar su curiosidad y su información en manuales de literatura o en libros de ensayo.

Las editoriales españolas no acostumbran a ser pródigas en presentaciones fuera de la propaganda comercial. Su falta contribuye a una confusión grande en la escala de valores literaria, a un desconocimiento que no debería existir en el lector medio.

Este prólogo es, como digo, una simple presentación, y no un estudio detallado sobre Sender. Por eso no me refiero a cada una de sus obras al tratar de resumir las características esenciales del autor. Hay varias novelas de Sender en nuestras librerías actualmente. El nombre del autor debe bastar para que un librero que conozca su oficio informe al público de los títulos que se van editando.

Mis opiniones personales después de la lectura de *La aventura equinoccial de Lope de Aguirre* sólo tienen valor porque el libro las acompaña para cotejar mi juicio valorativo con el del lector.

En éste, como en todos sus libros, el encuentro con Sender es importantísimo. Porque es un verdadero creador. No es un artesano del oficio, ni un imitador, ni una promesa envuelta en adjetivos. Cuando se tropieza con algo que es una realidad innegable —por ejemplo, un accidente geográfico, que puede ser una montaña o un río—, nos guste o no nos guste, ya no se puede confundir con ninguna imitación (decorado de cartón, acequia e incluso canal). Hay algo que es y algo que no es. Sender *es*. No encuentro para este autor y su obra otra definición mejor que ésta.

CARMEN LAFORET

Apéndice 3

DIARIO DE CARMEN LAFORET

[Carta n. 55]

ABC, 21 de Abril de 1972

En el quiosco de la esquina veo el nuevo libro de Ramón J. Sender, el libro que sé que me ha dedicado. Compro un ejemplar y lo leo mientras oscurece en la calle y se encienden los faroles entre el viento y las azoteas, bajo trozos de cielo pálido y nubes enrojecidas que se agrupan y se apagan en una masa oscura al fin. Aún estoy leyendo esta novela, *El fugitivo*, cuando cae la noche, hasta terminarla totalmente. No es larga. Podía haberse desarrollado —tan intensa me parece—, como una novela río de gran autobiografía espiritual. El genio del autor nos ha acostumbrado, en cuarenta libros, a su gran aliento creador. Podía haber sido escrita así porque hay mucha vida condensada en estos trazos argumentales tan amenos y hábiles, en este juego casi guiñolesco de la acción, entre este ágil, inteligentísimo humor y no siempre negro pero, a veces, de sátira esperpéntica. Pero Sender, que nos tiene acostumbrados a enfocar sus novelas desde muchos puntos de vista y construcción y temática distintas, aquí, a mi juicio, ha querido y ha podido hacer algo que creo nuevo —y no lo aseguro porque aún no he podido conocer la totalidad de su obra—. Con imágenes, palabras, estilos de un realismo crudo y visible —elementos que componen y terminan una novela excelente—, ha compuesto al mismo tiempo una clave, un drama, una solución a ese drama a un tiempo desgaradora y agudamente feliz. El drama del hombre que encuentra la sabiduría de su propia felicidad de vivir —la única que no había alcanzado— al borde de la muerte y que, justo entre el dilema muerto o manicomio, sabemos desgarrado de felicidad, a pesar de todo, al cerrar el libro.

Claro que esto es lo que yo entiendo. Es muy posible que cada lector entienda con otro matiz esta misteriosa confidencia que nos hace el libro. O bien que sólo se quede en la espléndida superficie que es la acción, el cuento, el realismo. Eso no creo que le importe al autor. Tengo la sensación de que ha hecho, a sabiendas, un libro vivo y misterioso como un ser humano. Distinto para todos y cada uno de los lectores.

El libro y la dedicatoria me llevan a pensar en Sender y en su amistad conmigo, tan generosa y siempre llena de sorpresas y delicadezas de esa misma inagotable generosidad. Nuestra amistad comenzó hace veintitantos años, cuando Sender me escribió desde Méjico, donde estaba exiliado. Era ya un autor no sólo conocido, sino importante. Empezaba a verse que, con su fuerza, el novelisa era capaz de cambiar el rumbo de la narrativa española —su novela *Mr. Witt en el Cantón*, que no ha perdido encanto ni actualidad con los años, fue el último premio Nacional de Literatura antes de la guerra civil—. Sender me escribió aunque yo, que no había vivido la inquietud literaria de antes del treinta y seis y que aquel año, y aún otros, fui estudiante de bachillerato, no supe toda la generosidad de su carta, porque ignoraba la categoría de quien me había escrito al leer mi primer libro, animándome tanto. Luego me enteré. A lo largo del tiempo, lentamente, logré leer algunas cosas suyas. Durante casi veinte años, la amistad, la gratitud y la admiración al escritor fueron creciendo en mí de manera solitaria y profunda. Cuando en un viaje a Los Ángeles vi a Sender por primera y, hasta ahora, última vez, al encontrarnos nos abrazamos y, con gran confusión de los dos, se nos llenaron los ojos de lágrimas. Como si hubiéramos sido parientes queridos que nos hubiéramos perdido y nos hubiésemos encontrado al fin. Y quizá éramos eso. Muchas, muchas veces, he pensado cuánto debemos a Sender los novelistas españoles de mi generación. Aun los que por circunstancias insólitas no lo habíamos leído antes de escribir nuestros libros primeros. El hecho de tener en un mismo oficio, cerca del tiempo vivificándolo todo, a un creador de genio en el mismo idioma, es algo que da una unión y una fuerza de sangre. Otro amigo novelista y extraordinario crítico y conocedor de la novela sudamericana, Manuel Andújar, me ha hecho ver de qué manera Sender descubrió, influyó y enseñó también el mejor camino entre los caminos más originales, a los nuevos novelistas de habla castellana en América.

BIBLIOGRAFÍA

I. Bibliografía de Carmen Laforet

Novelas, Barcelona: Planeta, 1957.
La insolación (1963), Madrid: Castalia, 1992.
Paralelo 35 (1967), Barcelona: Planeta, 1976.
La niña y otros relatos (1970), Madrid: Magisterio, 1970.

Artículo

«Diario de Carmen Laforet», *ABC.* 21 de abril de 1972, pág. 63.

II. Bibliografía sobre Carmen Laforet

Brown, Joan L., ed., *Women Writers of Continental Spain, Exiles in the Homeland,* Newark: University of Delaware Press, 1991.

Cerezales, Agustín, *Carmen Laforet,* Madrid: Ministerio de Cultura, Dirección General de Promoción del libro y la cinematografía, 1982.

—, «Mamá», *El Mundo,* 63, 30 de mayo de 2001.

De la Fuente, Inmaculada, *Mujeres de la posguerra,* Barcelona: Planeta, 2002, págs. 56-111.

Gazarian-Gautier, Marie-Lise, «Carmen Laforet,» en *Interviews with Spanish Writers,* Elmwood Park, IL., USA: Dalkey Archive Press, 1991.

Illanes Adaro, Graciela, *La novelística de Carmen Laforet,* Madrid, Editorial Gredos, 1971.

Johnson, Roberta, *Carmen Laforet,* Boston: Twayne, 1981.

Levine, Linda Gould, Ellen Engelson Marson, and Gloria Feiman Waldman, «Carmen Laforet», en *Spanish Women Writers, A Bio-Bibliographical Source Book,* Westport, Connecticut: Greenwood Press, 1993, págs. 243-252.

Nichols, Geraldine C., «Carmen Laforet», en *Escribir, espacio propio: Laforet, Matute, Moix, Tusquets, Riera y Roig por sí mismas,* Minneapolis: Intitute for the Study of Ideologies and Literature, 1989.

Pédrez Firmat, Gustavo, «Carmen Laforet: The Dilemma of Artistic Vocation» en J. L. Brown, ed., *Women Writers of Continental Spain. Exiles in the Homeland,* Newark: University of Delaware Press, 1991, págs. 26-41.

Quintana Tejera, Luis María, *Nihilismo y demonios (Carmen Laforet: técnica narrativa y estilo literario en su obra),* Universidad Autónoma del Estado de México, Toluca, México, 1997.

III. Biblografía de Ramón J. Sender

Réquiem por un campesino español (1960), Barcelona: Destino, 1974.

La aventura equinoccial de Lope de Aguirre, Madrid: Magisterio, 1967.

El fugitivo (1972), Barcelona: Destino, 1983.

Artículo

«Carmen Laforet en Inglés», *Los libros y los días,* 8 de junio de 1966.

IV. Bibliografía sobre Ramón J. Sender

Ara, Juan Carlos and Chud Tudelilla, ed., *Cartografía de una soledad: El mundo de Ramón J. Sender,* Aragón: Gobierno de Aragón, 2001.

Carrasquer, Francisco, *Ramón J. Sender, El escritor del siglo XX,* Lleida, España: Milenio, 2001.

Castillo Puche, J.L., «Ramón J. Sender: Un largo exilio que ha durado treinta y seis años» *Destino,* 1920 (1970), 24-27.

Mainer, José-Carlos, *Ramón J. Sender, La búsqueda del héroe,* Aragón, CA100, Publicación 80-30.

O'Brien, Mary Eide, «Interview with Ramón J. Sender», *The Hispanic World* 58 (Diciembre, 1975), 967-969.

Vived Mairal, Jesús, *Ramón J. Sender, Biografía,* Madrid, Páginas de Espuma, 2002.

Watts, Luz C. De, *Veintiún días con Sender en España,* Barcelona: Destino, 1976

V. Bibliografía general de consulta

Alvar, Carlos, José-Carlos Mainer, y Rosa Navarro, *Breve historia de la literatura española,* Madrid: Alianza, 1998.
Dorao, Marisol, *Los mil sueños de Elena Fortún,* Cádiz: Universidad, 1999, págs. 302-303.
Guillén, Claudio, *Múltiples moradas. Ensayo de literatura comparada,* Barcelona: Tusquets, 1998.
Martín Gaite, Carmen, *Desde la ventana,* Madrid: Espasa-Calpe, 1992, págs. 101-122.
Rico, Francisco, ed., *Historia y crítica de la literatura española 8, Época contemporánea: 1939-1980,* Barcelona: Crítica, 1981.
—*Historia y crítica de la literatura española 8/1, Época contemporánea: 1939-1975, Primer suplemento,* Barcelona: Crítica, 1999.
Showalter, Elaine, *Mujeres Rebeldes, una reivindicación de la herencia intelectual feminista,* Madrid: Espasa-Calpe, 2002.
Sobejano, Gonzalo, *Novela española de nuestro tiempo (en busca del pueblo perdido),* Madrid: Editorial Prensa Española, 1975, 2da. edición
Vila-Matas, Enrique, *Bartleby y compañía,* Barcelona: Anagrama, 2002.

ÍNDICE

Prólogo por CRISTINA CEREZALES 7

Introducción 13

Agradecimientos................................ 29

Correspondencia (1965-1975) 31

Apéndices 255

Bibliografía 271

AUSTRAL

www.australeditorial.com

www.planetadelibros.com